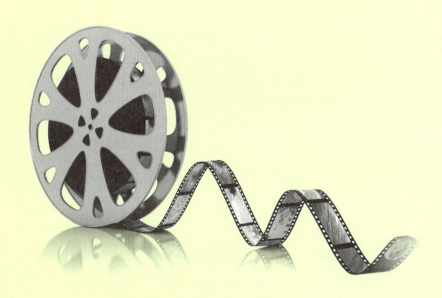

 普通高等学校"十四五"规划数字媒体艺术与动画专业案例式系列教材

影视广告制作
（第二版）

ADVERTISEMENT MAKING OF FILM AND TELEVISION

王宇　伍毅志　余辉天　主　编

李鑫　副主编

华中科技大学出版社
http://press.hust.edu.cn
中国·武汉

内容提要

本书以图文并茂的编写形式讲述了影视广告的主要内容，并结合国内外的发展趋势，对影视广告的发展状况及发展前景进行分析。本书讲解了影视广告概述、影视广告的定位与划分、影视广告创意、影视广告拍摄制作、影视广告灯光制作和影视广告声音设计与制作和影视广告制作案例分析。本书适用于高等院校和高职高专院校广告学、广告设计与影视制作相关专业，也可供影视广告从业人员参考。

图书在版编目 (CIP) 数据

影视广告制作 / 王宇，伍毅志，余辉天主编. —2 版. —武汉：华中科技大学出版社，2023.7 (2025.1 重印)
ISBN 978-7-5680-9849-6

Ⅰ.①影… Ⅱ.①王… ②伍… ③余… Ⅲ.①影视广告 Ⅳ.①F713.851

中国国家版本馆CIP数据核字(2023)第137316号

影视广告制作（第二版）
Yingshi Guanggao Zhizuo (Di-er Ban)

王　宇　伍毅志　余辉天　主编

策划编辑：	金　紫
责任编辑：	周怡露
封面设计：	原色设计
责任监印：	朱　玢
出版发行：	华中科技大学出版社 (中国·武汉)　　电话：（027）81321913
	武汉市东湖新技术开发区华工科技园　　邮编：430223
录　　排：	华中科技大学惠友文印中心
印　　刷：	武汉科源印刷设计有限公司
开　　本：	880mm×1194mm　1/16
印　　张：	9.5
字　　数：	208 千字
版　　次：	2025 年 1 月第 2 版第 3 次印刷
定　　价：	58.00 元

本书若有印装质量问题，请向出版社营销中心调换
全国免费服务热线：400-6679-118　竭诚为您服务
版权所有　侵权必究

前言
Preface

影视广告是一种覆盖面广、节奏快的信息传播方式，得到广泛应用，如企业宣传、新品推广、新品促销等，具有十分明显的宣传效果，同时也具备广泛的社会接受度。影视现在已经作为人们日常生活中重要的组成部分，广告也是影视作品中必不可少的一部分，尽管影视广告的播出时间短，受到一定限制，但是其宣传力度大，传播速度快，传播效果好。

影视广告是利用电影电视媒介向消费者传递商品或服务信息，并促使消费者快速消费的宣传活动。在当今社会，电视、手机等影视传播设备已成为每个家庭的生活必需品，覆盖面广泛。广告视频集声音、图像、语言、文字、实物于一体，画面生动形象，表现内容丰富多彩，具有很强的艺术感染力，能给观众留下深刻的印象，由于视频媒介具备这些优点，因而影视广告更受消费者青睐。影视广告是当今社会发展速度最快的广告形式，也是当今社会最具影响力且促销效果最好的广告形式。目前，我国有3000多家广播电视播出机构、6000多家影视制作公司，以及近万家新媒体网络公司。而且，在未来几年内，新型数字影视制作行业所需要的影视人才数量将超过60万人，尤其在高层次编导、策划、制作等方面存在较大的人才缺口。影视广告行业正在悄然崛起，未来的发展状况十分乐观。

习近平总书记在二十大会议报告中指出，全面建设社会主义现代化国家，必须坚持中国特色社会主义文化发展道路，增强文化自信，围绕举旗帜、聚民心、育新人、兴文化、展形象建设社会主义文化强国,发展面向现代化、面向世界、面向未来的,民族的科学的大众的社会主义文化,激发全民族文化创新创造活力,增强实现中华民族伟大复兴的精神力量。

总书记强调,我们要坚持马克思主义在意识形态领域指导地位的根本制度,坚持为人民服务、为社会主义服务,坚持百花齐放、百家争鸣,坚持创造性转化、创新性发展,以社会主义核心价值观为引领,发展社会主义先进文化,弘扬革命文化,传承中华优秀传统文化,满足人民日益增长的精神文化需求,巩固全党全国各族人民团结奋斗的共同思想基础,不断提升国家文化软实力和中华文化影响力。

影视广告制作应围绕繁荣发展文化事业和文化产业,增强中华文明传播力、影响力,推进文化自信自强,铸就社会主义文化新辉煌。本书第二版的编写将思想和行动统一到党的二十大精神上来,按照推进文化自信自强的新部署新要求,团结引领影视广告工作者、青年学生创作出更多体现伟大时代精神、反映当代中国人审美追求、传播当代中国价值观念、符合世界进步潮流的影视广告作品,努力推进影视广告事业繁荣发展。

本书在编写中,将影视广告制作的起源与发展进行了回顾与分析,将我国影视广告制作的萌芽期、发展期、挫折期、鼎盛期的发展状况进行了分析,对目前影视广告所处的市场行情进行细致讲解,帮助后期从事本行业的读者做好心理准备。此外,本书还全面讲述了影视广告在制作中的设计技巧,通过系统化学习,帮助读者了解影视广告制作方法。

本书由王宇、伍毅志、余辉天担任主编,由广东岭南职业技术学院李鑫担任副主编,本书由王宇编写第一章、第二章,伍毅志编写第三章,余辉天编写第四章,李鑫编写第五至七章。全书在编写的过程中,以大量优秀影视广告设计作品为例,十分细致地讲解了影视广告在制作过程中的要点,对设计原则,设计方法进行了详细描述,将理论化知识以深入浅出的方式进行表述,让读者对每个知识点的记忆更加深刻,同时,系统地编写形式并不能全面揭示影视广告制作详情,本书最后一章以案例式教学的形式,结合生活中的影视广告,对优秀影视广告作品进行分析,提炼出设计要素,让读者将所学知识与生活实际相关联,从而设计出更多优秀作品。

编　者

目录
Contents

第一章　影视广告概述 /1
　第一节　影视广告的概念 /2
　第二节　影视广告的发展状况 /7
　第三节　影视广告制作流程 /13

第二章　影视广告的定位与划分 /21
　第一节　影视广告的定位 /22
　第二节　影视广告的划分形式 /31
　第三节　广告诉求 /37

第三章　影视广告创意 /43
　第一节　影视广告创意的概念 /44
　第二节　影视广告的创意原则 /50
　第三节　影视广告的创意媒介 /55

第四章　影视广告拍摄制作 /69
　第一节　景别 /70
　第二节　构图形式 /78

　第三节　运动拍摄 /86
　第四节　后期制作 /92

第五章　影视广告灯光制作 /103
　第一节　布光方法 /104
　第二节　灯光制作技巧 /112

第六章　影视广告声音设计与制作 /119
　第一节　广告声音设计 /120
　第二节　广告声音制作 /123

第七章　影视广告制作案例分析 /129
　第一节　彩妆广告 /130
　第二节　植入广告 /135
　第三节　公益广告 /139
　第四节　食品广告 /142

参考文献 /146

第一章
影视广告概述

学习难度：★☆☆☆☆

重点概念：影视广告的概念、发展状况、广告创作流程

章节导读

影视广告是随着影视媒介发展而来的一种新的信息传播方式。随着各种高科技产品的应用与开发，影视广告逐渐显现出自身特有的宣传效果。如今的影视广告已经告别了主持人对着稿子念的时代，取而代之的是更多具有创意、形式感和科技感的广告。在高科技飞速发展的时代，让我们一起来回顾影视广告的发展历程，体验影视广告给生活带来的变化（图1-1）。

图 1-1 茶广告

第一节 影视广告的概念

一、广告的含义

广告即向公众介绍商品、服务内容或文娱体育节目的一种宣传方式（图1-2）。从广告的本质特征来看，广告是用于传播信息、传递正能量的方式。广告是由这项商品的生产或经营机构（广告投资人）将某一项商品或服务信息传送给商品或服务的消费者和用户。

以广告活动的参与者为出发点，广告构成要素有广告投资人、广告公司、广告媒体、广告信息、广告思想和技巧、广告受众、广告费用及广告效果。以大众传

> 影视广告在表现形式上，吸收了装潢、绘画、雕塑、音乐、舞蹈、电影、文学艺术的特点，运用影视艺术形象思维的方法，使商品更富于感染力和号召力。

(a)

(b)

图 1-2 广告

(c) (d)

续图 1-2

播理论为出发点,广告信息传播过程中的要素主要包括广告信源、广告信息、广告媒介等。

广告有以下作用。

1. 传达信息

广告设计是一门实用性很强的学科,有明确的目的性,准确传达信息是广告设计的首要任务(图1-3)。在现代商业社会中,商品和服务信息绝大多数都是通过广告来传递的,平面广告通过文字、色彩、图形等元素将信息准确表达出来,而二维广告则通过声音、动态效果表达信息,通过这样的方式,商品或服务才能被消费者接受。由于消费者的文化水平、生活经历、受教育程度、理解能力不同,消费者对信息的感受和反应也会不一样,所以在设计时应仔细斟酌,使信息尽可能被更多受众接受。

(a) (b)

图 1-3 传达信息

图1-4 品牌广告　　　　　　图1-5 二维影视广告

2. 树立品牌形象

企业的形象和品牌决定了企业和产品在消费者心中的地位，这一地位通常靠企业的实力和广告战略来维持（图1-4）。在平面广告中，报纸广告和杂志广告受众广、发行量大、可信度高，具有很强的品牌塑造能力。企业产品如果结合影视广告，塑造力会大大增强。

3. 引导消费

传统的平面广告一般可以直接送到消费者手中，信息详细具体，如购物指南、房产广告、商品信息等都可以引导消费者去购买产品。而二维影视广告可以通过动态效果进一步影响并促使消费者消费（图1-5）。

4. 满足消费者的审美

色彩绚丽、形象生动的广告作品，能以其非同凡响的美感力量增强感染力，使消费者沉浸在商品和服务形象给予的愉悦中，使其自觉接受广告的引导。因此广告通过夸张、联想、象征、比喻等手法对画面进行美化处理，使之符合人的审美需求，可以激发消费者的审美情趣，有效地引导消费者在物质文化和生活方式上的消费观念。

二、影视广告

影视广告即电影、电视广告。影视广告的视觉冲击力强，覆盖面广，可以形象地展示商品的特征，直观地传播品牌的理念，完美地展示企业的形象。此外，影视广告还可以将娱乐成分融入信息传达中，让观众在比较轻松愉悦的情绪中接受广告信息。它具有以下优点。

（1）直观性。影视广告形象直观，说服力强。广告设计师可以通过绚丽的色彩、动态的画面、悦耳的音乐、清晰的语言，将产品的外形与功能清晰地传递给观众。这种直观性更容易给观众留下深刻印象，从而让观众记住广告信息中的内容（图1-6）。

（2）多样化。影视广告是一种声像结合的艺术形式。连续的画面能更加生动多样地展现广告的性质特点，表现出商品的魅力。

（3）时效性。影视广告播出时间短，感染力强。好的影视广告可以在短短几秒至数十秒的时间内吸引观众，在最短的时间里传达最多的信息。

(a)　　　　　　　　　　　　　(b)

图 1-6　广告的直观性

（4）渠道广。卫星电视和移动网络的发展使影视广告的传播更加广泛，观众可选择的投放平台越来越广，观众数量也越来越多。各种手机 APP 与视频网站上都可以进行影视广告投放（图 1-7）。

（5）不受限。影视广告投放便捷，可以重复滚动播出，而不受技术限制，甚至可以达到"铺天盖地"的宣传效果，力争扩大宣传范围。

影视广告在应用过程中也存在一些不足。

（1）信息量小。影视广告中的信息量相对较小，广告播出的时间一般比较短，传达的信息也是有限的。在很多情况下，观众还没有看清楚，广告就已经结束了。这就要求影视广告滚动播出。

  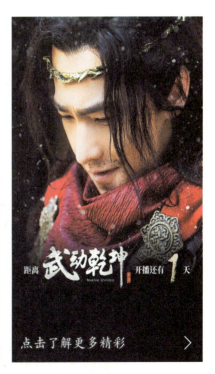

(a)　　　　　　　　　　(b)　　　　　　　　　　(c)

图 1-7　手机 APP 广告投放

图 1-8 "会员免广告"业务

（2）观众选择少。影视广告会在影视娱乐作品正式播出前、播出中、播完后插入，观众正在观看节目时插入广告，容易引起观众的反感，打断观看情绪。由于影视作品播放是单向性的被动接受，观众没有选择的余地，因而广告的传达率会受到一定限制。但是，现在一些视频软件推出"会员免广告"的业务，无形中也会使影视广告的传播受到限制，观众看到广告的可能性就更低了（图1-8）。

（3）制作费用高。广告费用高，制作成本大。影视广告的涉及面很广，需要多方面的准备，如聘请模特、道具安排、创意设计、布置场景等，此外，后期制作时间较长，也造成了制作成本增加（图1-9、图1-10）。

（4）无法预知效果。影视广告在播出时没有流畅的视听反馈系统，因此，广告制片商和影视制作者不能准确地预知广告播出后的效果。虽然前期进行了市场调

图 1-9　聘请模特

图 1-10　布置场景

研,但是这仅仅是针对部分人群,不具有代表性,若调研不充分,很有可能导致广告投入的浪费。

第二节
影视广告的发展状况

从整体上来看,影视广告传播效果好且覆盖面较广,具有即时传达远距离信息的媒体特性,也就是传播上的高精度化。影视广告能使观众自由地对某种商品形象进行想象,也能具体而准确地传达广告客户的意图(图 1-11)。因此,影视广告经过了大半个世纪的发展,才有今天的辉煌。

一、国际影视广告发展历史

美国于 1941 年播出了全世界第一则电视广告。宝路华钟表公司以 9 美元购买了纽约全国广播公司旗下 WNBC 电视台在棒球赛播出前的 10 秒钟作为广告时段,播出了宝路华钟表公司的广告,广告口号是"美国以宝路华的时间运行"。

1952 年,李奥·贝纳广告公司制作的 Stopette 除臭剂广告是第一则实景电视广告,开创了电影胶片拍摄广告的先河。李奥·贝纳广告公司为了保证广告播出时喷出的雾气效果能达到客户的要求,用 35mm 的黑白电影胶片拍了一条 5 秒钟的无声广告,解说员同时恰到好处地说:"啊!Stopette,汗臭全消。"该广告播出后取得了不错的效果。从此,现场演出广告渐渐被广告影片取代。

1953 年,李奥·贝纳创造的"万宝路"(Marlboro)形象打破了旧有的电视广告模式,将一个默默无闻的香烟品牌变成了世界畅销香烟品牌。

1953 年,大卫·奥格威花了 35000 美元请罗斯福总统夫人为好运牌奶油制作了世界上第一则"名人推荐式"电视广告。

1958 年,第一条录像带电视广告 Essy 牌洗衣机播出。当时一家电视台正在海滩边录制一场高尔夫球赛,广告人胡博·怀特请一位高尔夫球手对 Essy 牌洗衣机进行宣传,并录制成了电视录像带。

20 世纪 60 年代,欧美发达国家电视广告业的发展进入了成熟期,广告制作

图 1-11 影视广告

业空前繁荣，形成了广告市场竞争激烈的局面。

20世纪70年代，美国通信卫星发射成功，极大地促进了电视技术发展，电视画面更趋完美，收视率显著提高。用传统电影摄制方式制作的电视广告走向成熟。广告在内容上与社会问题的联系日益紧密，加入了环保、生态平衡等社会公益性的内容和世界性主题。

20世纪90年代，数字化技术的发展给电视广告业带来了变革，使得电视广告的制作真正"插上了想象的翅膀"，只有想不到，没有做不到。

2000年之后，网络技术飞速发展，扩大了影视广告的传播平台。2008年，奥巴马在竞选美国总统的过程中创造性地将视频竞选广告投放在了多种互联网平台和应用中，如Facebook、YouTube、Twitter，获得巨大成功。这一案例在2009年戛纳广告节囊括两项大奖，使人们对互联网广告营销坚定了信心。

二、国内影视广告发展历史

相对于欧美国家，我国的影视广告起步较晚（图1-12）。1980年，我国正式引进第一部海外电视版动画片《铁臂阿童木》（图1-13）。该动画片由日本卡

(a)

(b)

图1-12　电视机广告

(a)

(b)

图1-13　《铁臂阿童木》

西欧公司免费赠送，条件是捆绑播放卡西欧电子表广告。这是中国电视史上第一则广告，同时，也是第一次将免费提供节目带广告的模式引进到中央电视台。

我国于1979年在上海电视台播出了第一则商业电视广告——参桂补酒，中国的影视广告便从此走上了成长的道路，从此影视广告已不知不觉地成为一种时代的角色，成为改革和开放的象征。

中国影视广告的研发大致分为五个阶段：萌芽期、开拓期、探索期、成长期和发展期。其发展受科技水平的制约，因此，中国影视广告业的发展是与技术同步前行，并逐步走向成熟完善的。

1. 萌芽期

1979年至1982年是影视广告发展的萌芽期，人们对广告不熟悉，专业人员的职业素养不高，广告行业发展缓慢。当时的广告大多直接呈现产品功能，在形式上以新闻式报道为主，缺乏创意，显得十分呆板。

上海电视台于1979年1月28日宣布受理广告业务，参桂补酒成为我国第一则电视广告。同年3月15日，上海电视台受理首例外商广告——瑞士英达表，这表明我国的电视广告开始与国际接轨。

2. 开拓期

1983年至1990年是广告行业的开拓期，随着影视广告市场需求的扩大，从业人员的素质和广告片的品质都有明显提高。广州出现了中国第一支电视广告制作团队（表1-1）。

表1-1 开拓期影视广告代表作

时　　间	发 展 内 容
1983年12月	中国广告协会电视委员会成立，并于1987年和1988年在厦门、沈阳两地举办了两届全国电视创意设计学习班
1986年	广东白马广告公司制作了一条"天丽"香皂广告片，首次采用电影胶片进行拍摄
1989年	电影《甲午风云》中邓世昌的扮演者李默然为了帮助处于低谷中的中国戏剧，为国家戏剧节募款，为三九胃泰做广告，成为了国内第一个为商业广告代言的名人

小贴士

中国广告协会

1983年12月27日至31日在北京召开第一次代表大会时，中国广告协会正式成立。中国广告协会是由广告主、广告经营者、广告发布者、广告代言人（经纪公司）、广告（市场）调查机构、广告设备器材供应机构等经营单位，以及地方性广告行业组织、广告教学及研究机构自愿结成的行业性、全国性、非营利性社会组织。

3. 探索期

1991年至1996年，广告的制作技术有了质的飞跃，广告从模仿作品上升到发掘本土影视广告，影视行业从业人员的专业素养提高，出现了个人工作室与独立团队，影视广告开始走上规范化。例如，1995年孔府宴酒以3079万元夺得了央视第一届广告"标王"。

4. 成长期

1997年至2008年是影视广告的成长期。一些著名的导演、演员、摄影师、美术师、作曲家也开始加入影视广告的制作队列中，制作队伍的整体专业素质大大提升，初步构建起影视广告的视听主体语言体系，加强了影视广告创造理论的研究和探索。

5. 发展期

2008年我国成功举行奥林匹克运动会之后，影视广告行业进入了高速发展期。首先是影视广告的形式产生了变革，影视广告不再仅仅局限于电视广告，并且在播出形式和画面感上都有了很大的提升（图1-14）。2013年，央视黄金资源广告招标会广告总额达158.81亿元，涨幅达11.39%，四川酒业剑南春成为"标王"。但众多数据表明，广告在电视媒体上的投放并不再是必选项。电视广告的辉煌时期正在逐渐减退，留给广告行业更多的思考（图1-15）。影视广告逐渐拓展到互联网与手机客户端上，受众

(a)

(b)

图1-14 影视广告植入

(a)

(b)

图1-15 电视广告

人群覆盖面扩大。

三、国内影视广告发展现状

我国影视广告发展至今，经过不断健全体制和完善制度，影视广告方面取得了优异的成绩。然而，从长远发展来看，我国影视广告还存在着以下几个方面的问题。

1. 性价比不高

由于电视媒介有着比较稳定的消费群体，数量多、范围广，可能获得比较好的广告效应，因此，很多企业在选择产品或服务广告的时候，都倾向于电视广告的形式，使得影视广告的形式过于单一。实际上电视广告的投入成本比较高，制作时间长，后期的滚动播放费用巨大，难以快速应对市场变化，而且具有消费实力的年轻观众看电视的越来越少，因此广告的综合性价比不高（图1-16、图1-17）。

2. 投入与收益不对等

广告拍摄的资金投入与市场投放后的收益之间不成正比是常有的情况。企业将大量资金用于广告宣传，企图通过媒体宣传增加营业额，仅仅是一时风光，虽然短时间内获利了，但是从长远利益来看，对于企业后期的发展来说极为不利，企业没有将更多资金用于提高产品研发水平，核心竞争力就得不到提高。

将大量资金用于广告传媒上，而后期却没有获得理想收益的例子也不在少数。仅仅依靠增加资金投入的方式达到增加收益的方式是不可取的，高投入也意味着高风险。

3. 播出时段定位不准

我国众多的广告商倾向于将黄金时段界定为广告播放的最佳时段，黄金时段的广告能让更多人熟悉企业的产品，但是也有一定弊端。第一，黄金时段只有1~2小时，其中还要播放正式节目，广告的时间就很短了。在这么短的时间内难以突出产品和服务的特色，给观众的印象只停留在表面，难以让观众深入了解产品和服务。第二，黄金时段的广告费是其他时间段的几倍甚至是十几倍，高额的广告费用也是企业的一大支出。实际上企业可以集合产品和服务特色，针对适用人群，合理设置广告时段（图1-18）。

此外，聘请明星代言是影视广告目前比较流行的形式，明星代言无疑成为很多企业推出广告的最佳选择。但是在明星代言过程中，企业很少考虑到自身产品的特点，并没有真正实现明星与产品特点的

图1-16　电视广告

图1-17　网页广告

图1-18 黑黑乳饮品广告

对应,从而造成了很多产品与明星不相关的情况,甚至完全忽视了明星代言的风险性,一旦明星声誉出现了问题,相关广告也会受到影响,而广告商对于这一点往往没有全面思考。

四、国内影视广告发展趋势

1. 影视广告的国际化

影视广告国际化是发展的必然趋势。我国影视广告进入发展期之后,与国际影视发展之间的联系越来越密切,这势必会使得我国影视广告越来越倾向于国际化,这也是将我国的产品和服务推广到全世界的重要渠道(图1-19)。

2. 影视广告的人性化

在目前买方市场不断扩大的背景下,作为传媒服务的影视广告,将越来越多地在内容和题材上体现出人文关怀和公益属性,只有这样才能够促进影视广告的全面发展和进步(图1-20、图1-21)。

3. 影视广告的网络化

随着互联网的发展,点击量已经成为衡量广告效率的重要标尺。实现影视广告的网络化,大范围地吸引人们的注意力,这成为重要的发展趋势之一。网络广告推

(a)

(b)

图1-19 房地产广告

图1-20 吸烟有害健康

图1-21 拒绝地球污染

(a)

(b)

图1-22 广告中的民俗文化传播

送也是影视广告的一种设计方式，能够提高点击率。

4. 影视广告的本地化

无论处于社会发展的哪个阶段，影视广告将本土化的设计元素融入其中，都是对当地民间文化的一种传承，民间文化是民族文化的重要组成部分，民族文化将会在这样的背景下得以传承，并且成为广告媒介因素中重要组成部分（图1-22）。

第三节
影视广告制作流程

影视广告在制作前、制作中和制作后都有一整套制作流程，良好的规划可以让影视广告制作事半功倍，节省大量的人力和物力。

一、准备工作

广告拍摄是一个团队努力的一个结果，需要专业人员共同完成，拍摄前的准备工作可以减少拍摄中的意外情况，尽量将损失与危险系数降到最低，保证影视广告的拍摄质量。所以，拍摄前的准备工作显得十分重要。

1. 人员构成

广告制作人员一般包括广告制作负责人、广告商代表、导演、摄影师、灯光师、化妆师、配音员、演员和模特等（图1-23）。

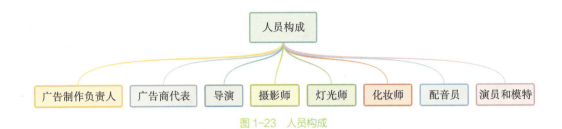

图1-23　人员构成

2. 开展准备会

准备会是广告制作公司的主要负责人将广告拍摄细节向制作公司、广告商进行汇报的会议，负责人为拍摄方案做最后的方案陈述。在通常情况下，广告制作公司会提及脚本制作、灯光效果、音乐样本、布景方式、演员造型、服装定妆、道具等内容，确定拍摄情况。准备会是拍摄工作的基础准备，只有将拍摄的主题细节加以确认，才能保证拍摄顺利进行，毕竟专业模特、影棚资源等费用较高，一旦在拍摄中耽误时间，将会造成巨大的损失，这也是制作方与广告商都不愿看到的结果。如果在准备会中依然无法确认本次拍摄的全部内容，可以另约时间商讨，务必做到最终确认。

3. 拍摄前准备

在正式拍摄前，制作公司的摄制组会进行最后一次细节敲定，做最后的确认与检查工作，确保广告片的拍摄完全按照计划顺利执行，这也是本着对拍摄负责的表现。其中尤其需要注意的是场地、置景、演员、特殊镜头等方面（图1-24）。另外，在正式拍片之前，制作公司会向包括客户、广告公司和摄制组相关人员在内的各个方面以书面形式告知拍摄地点、时间、摄制组人员、联络方式等。

图1-24　拍摄前准备

二、影视广告制作四大阶段

影视广告制作大致要经历四个阶段，即脚本创作、拍摄、剪辑、后期制作（图1-25）。

1. 脚本创作

影视广告的脚本创作，必须具有影视化结构严谨、动作性强、时空合理、语言简洁、形象鲜明等基本特点。这一影视化的文字形象的创作，为影视广告片的摄制提供了蓝本，同时又为该影视片的影视语言奠定了基础。

2. 拍摄

拍摄是将文字剧本转换为影视视听形象的再创作阶段。从写出分镜头剧本到现场拍摄中导演、摄影、演员、摄像、录音、美工的通力合作，完成前期摄制的艺术创作，从而充实、丰富了原始创作剧本的内涵。

图1-25 影视广告制作四大阶段

拍摄场地如图1-26所示。分镜头剧本是蒙太奇结构的文字形象剧本，是专供前期拍摄和后期制作使用的影片框架蓝图。

根据经验和作业习惯，为了提高工作效率，保证表演质量，镜头的拍摄顺序有时并非按照拍摄脚本的镜头顺序进行，而是将机位、景深相同或相近的镜头一起拍摄。而儿童、动物等拍摄难度较高的镜头通常会最先拍摄，静物、特写及产品镜

图1-26 拍摄场地

(a) 人物　　　　　　　　　(b) 动物

图1-27　优先拍摄

头通常会安排在最后拍摄（图1-27）。为确保有足够多的拍摄镜头用于剪辑，每个镜头都会拍摄多个画面，而导演也会多拍一些脚本中没有的镜头作为备用镜头。

按照最终制作准备会的设计，在安排好的时间、地点，由摄制组按照脚本进行拍摄。为了对广告商和创意负责，除了摄制组之外，通常制作公司的制片人员会联系广告商和广告公司的客户代表、创作人员等参加拍摄，监督拍摄的进度与质量。

3. 剪辑

剪辑工作是广告片后期制作中十分重要的环节。剪辑是以分镜头的原始素材画面为基础，同时收录原始的声音素材，将导演的创作理念与广告商的特殊要求相结合，进行蒙太奇形象的塑造过程。其次，对本次拍摄的图片的节奏、结构、语言进行适当的调整、增减、补充、修饰，使整个拍摄的内容与形式统一，达到导演与广告商的制作要求。

小贴士

蒙太奇原理

蒙太奇(montage)，是建筑学上的一个法语词汇，原有"安装、组合、构成"之意，即将各种不同的建筑材料，根据一个总的设计蓝图分别加以处理、组合、安装在一起，构成一个整体建筑物，产生全新的功能和效用。也就是说，一块块的砖、瓦和一根根的木头、钢筋，当它们个别存放时，只是建筑材料；但是，一经按照工程图纸投入施工，制成门窗、梁架、墙壁等构件，安装、组合、构成厂房、校舍或楼阁厅堂时，就发生了质的变化，产生了新的概念和功效。

电影艺术家借用"蒙太奇"这一术语，来说明影片镜头组接的含义。影视广告剪辑最重要、最基础的工作，就是对镜头的组接进行蒙太奇的处理。影视广告剪辑是蒙太奇形象的再创作，是在文字剧本、导演创作意图和摄影（像）造型语言的基础上，对蒙太奇形象进行再加工、再塑造、再完善，从而赋予它最终的完成形态。影视广告片的节奏，尤其是外部节奏的流畅，也主要取决于剪辑的作用，优秀的剪辑师可以将一部影视作品剪得顺理成章，灵动流畅；而拙劣的剪辑师也可将一部好主题、创意新颖的影视广告片剪得拖沓呆滞，毫无生气。由此可看出剪辑的创造性在影视广告片再创作过程中的重要性。

4. 后期制作

后期制作是根据广告商提出的要求，对画面、声音效果进行调整，加强视听冲击力。后期制作也可以称为特效。后期制作的程序一般为：冲片、胶转磁、采集、剪辑、数码制作、作曲或选曲、配音、合成（图1-28、表1-2）。若制成录像带就没有胶片冲洗和胶转磁的过程了。

图1-28 后期制作流程图

表1-2 后期制作程序

名 称	制 作 内 容
冲片	冲片是将拍摄的照片进行冲洗，一般在专业的冲洗厂完成，而摄像机拍摄无需冲洗
胶转磁	冲洗出来的电影胶片必须经过胶转磁处理，才能由电影胶片的光学信号转变成用于影视制作的磁信号，然后才能输入电脑进入剪辑程序。在胶转磁的过程中一般会对拍摄素材进行色彩和影调的处理。如果是录像机拍摄，则没有这部分
采集	将录像带中的内容采集到电脑里，然后进行后期剪辑和特技制作
剪辑	现在剪辑工作一般使用电脑完成，因此拍摄素材在经过转磁以后，要先输入电脑，导演和剪辑师才能开始剪辑。在剪辑阶段，导演会将拍摄素材按照脚本的顺序拼接起来，剪辑成一个没有视觉特效、没有配音和音乐的版本，然后将特技部分合成到广告片中
数码制作	用电脑特效软件对画面进行调整，制作特效，可美化画面、增强视觉冲击力，对加强广告中的整体效果起到了重要作用
作曲或选曲	广告片的音乐可以作曲或选曲。作曲使广告片拥有独特、符合产品个性的音乐，音乐与画面结合紧密，费用相对较高。选曲，偶尔会与其他广告片音乐相同，成本低，但是效果也没作曲强

续表

名　　称	制 作 内 容
配音合成	音效剪辑师将配音演员的配音及背景音乐的音量调整至适合的位置，与画面合成，制作成片

图 1-29　原图

图 1-30　增强光线

扫码见本章案例

在拍摄时，由于光线条件不理想，画面偏暗或偏亮、色彩不够准确，可以通过特效软件尽量弥补，如增加光效。有些影视广告为了强化产品效果，制作粒子光、光晕等效果。在特殊场景中，为配合故事情节的发展，还需要制作特效场景（图 1-29、图 1-30）。

随着计算机图形图像技术的高速发展，计算机在影视广告的制作中占据着越来越重要的地位。通过计算机处理和制作广告主要体现在：利用非线性剪辑代替了传统意义的磁带线性剪辑；利用特效软件实现一些特别的视听效果；利用动画技术完成传统拍摄中耗时耗力的高难度镜头等。

本 / 章 / 小 / 结

影视广告作为当今社会发展的潮流，具有十分重大的意义。本章详细讲解了影视广告的概念、影视广告的发展状况以及影视广告的制作。同时，本章结合当下的热门影视广告，将知识点渗透其中，便于学生对后期知识的理解。

思考与练习

1. 什么是影视广告？

2. 影视广告的优势是什么？

3. 影视广告存在哪些缺点？

4. 影视广告可分为哪几类？

5. 广告按照播放形式可分为哪几类？

6. 国际影视广告发展经历了哪几个时期？

7. 公益广告与商业广告的区别是什么？

8. 谈谈我国影视广告发展的优势与劣势。

9. 请简述影视广告的制作流程。

10. 简述中国影视广告发展的瓶颈，并给出解决方案。

第二章
影视广告的定位与划分

学习难度:★★☆☆☆

重点概念:影视广告的定位、划分形式、诉求方式

章节导读

在我们的生活中,每天都能接触到各式各样的广告(图2-1)。只要打开手机,就会看到招聘广告、购物广告,还有一些视频会推送广告链接。广告以多样化的方式出现在我们的生活中,而影视广告作为发展快速的行业新星,正在以多样化的形式出现在我们的视野中。

图2-1 汽车广告

第一节 影视广告的定位

> 广告定位理论的核心就是使商品在消费者心目中确立一个位置。

一、广告定位的概念

广告定位是指企业通过广告活动，使企业或品牌在消费者心中确定位置的一种方法。广告定位属于心理接受范畴的概念。

广告定位是企业通过广告推销产品或服务所策划的一系列活动，用广告宣传与推销的方式让消费者记忆深刻，使得企业的品牌或产品在消费者心里占据位置，这也是许多企业在广告开播之初就对自家品牌产品与消费群体之间进行定位的依据，定位能够让企业在市场竞争中占据主要地位（图2-2、图2-3）。

定位理论的创始人艾·里斯（A. Ries）和杰克·特劳特（Jack Trout）曾指出：定位是一种观念，它改变了广告的本质。定位从产品开始，可以是一种商品、一项服务、一家公司、一个机构，甚至是一个人。

定位是对未来潜在消费者的一种消费人群定位，将产品定位到潜在消费者的心里，让消费者一想到要买某种产品的时候，潜意识里已经在考虑某个品牌，这才是广告定位的终极目标。例如，想要买手机、电脑的时候，头脑中第一时间对某个品牌的产品已经有了大致的印象。

广告定位是企业与广告公司根据社会既定群体对某种产品属性的重视程度。将产品确定在某一个市场位置，在特定的时间、地点，向目标消费者出售，与其他企业相比较，竞争优势更加明显。这在无形中给企业树立了市场形象，从而促进企业的销售业绩。

例如，OPPO手机与VIVO手机在一开始定位的消费群体是年轻人，大街上

(a)   (b)

图 2-2 　女士用品广告

(a)   (b)

图 2-3 　男士用品广告

随处可见年轻人在使用这些品牌的手机。这两个品牌在年轻人群体中市场占有率很高，但是中年人以及老年人群体很少使用这两个品牌的手机（图 2-4）。

(a)   (b)

图 2-4 　手机广告定位

> **小贴士**
>
> **艾·里斯和杰克·特劳特的定位理论主张**
>
> 艾·里斯和杰克·特劳特的定位理论包括以下内容。
>
> ①广告的目标是使某一个品牌、公司或产品在消费者心目中获得一个据点、一个认定的区域位置，或占有一席独有之地。
>
> ②广告投放应集中在一个狭窄的目标上，在消费者的心智上下功夫，力图在消费者心理上创造出一个位置。
>
> ③应该运用广告创造出的独特的位置，特别是"第一说法、第一时间、第一位置"，因为创造第一，才能在消费者心中造成难以忘怀的、不易混淆的优势效果。
>
> ④广告创意表现出的差异性，并不是指产品具体特点的功能利益，而是要显示出品牌之间的实质区别。
>
> ⑤广告定位一旦建立，无论何时何地，只要消费者产生了相关的要求，就会首先想到广告宣传的这一品牌和公司。

二、广告定位与产品定位

广告定位是广告创意的前提条件。广告定位是在产生广告创意之前对产品整体的定位，而广告创意要在广告定位之后才能确定。广告定位解决的问题是"做什么"，而广告创意解决的问题是"怎么做"，只有明确"做什么"，才可能确定"怎么做"。广告定位一旦确定，怎样表现广告内容和广告风格才能随之确定。由此可见，广告定位是广告创意的开始，是广告创意活动的前提。

广告定位与产品定位的重点不同。广告定位的重点是方法，其中包括语言简洁的方法、打入预期客户头脑的方法、把自己的公司或产品与著名品牌挂钩的方法、多品牌定位方法、品牌集中化方法、给产品起个好名字的方法等。产品定位的重点是内容，其中包括产品取舍、目标市场、辐射半径、行业地位等。产品定位的核心内容是确定产品发展方向。广告定位与产品定位有各自的本质、意义、依据和重点，这些都是企业不可或缺的研究工作。广告定位是企业营销战略的基本内容，而产品定位是企业发展战略的基本内容之一。一般情况下，坚持用产品定位指导广告定位，用广告定位保障产品定位。

从市场反映的情况来看，只有产品定位精准化，广告定位才能更有竞争力。产品定位包括以下三个方面。

1. 核心产品定位

核心产品又称为实质产品，可以理解为产品为消费者提供的基本功能效益，

(a) 核心产品　　　　　　　　(b) 非核心产品

图 2-5　海尔电器定位

也是消费者对产品的需求。例如海尔电器的主打产品是冰箱，人们在潜意识里将海尔与冰箱画上等号。虽然海尔电器在其他电器上均有所涉及，但是知名度都没有冰箱高（图 2-5）。

2. 有形产品定位

有形产品是指产品向市场提供的实体外观，是核心产品借以实现的形式，也是一种实质性的东西，它由五个要素构成：质量、款式、特点、商标和包装。这些外在要素为产品的定位提供了一定基础，产品的包装也是产品定位的关键因素（图 2-6）。

3. 延伸产品定位

延伸产品也称无形产品或扩增产品，是消费者购买产品时所得到的其他利益的总和。这是企业附加于产品的东西，但它能将一个公司的产品与其他公司的产品区别开来，如售后服务、咨询服务、贷款、交货安排、仓库服务等。因为产品具有生命周期（分为投入期、成长期、成熟期和衰退期），一个企业想要走得更长远，就要为新老客户提供良好的购物体验与售后服务。

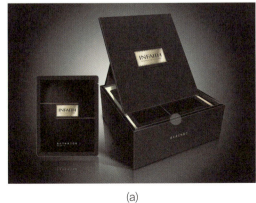 

(a)　　　　　　　　　　　　　　(b)

图 2-6　有形产品定位

> **小贴士**
>
> **广告定位与产品定位的不同点**
>
> 广告定位与产品定位有以下几点不同。
>
> ①本质不同。广告定位不是企业对产品要做的事,而是对预期客户要做的事,旨在确保产品在预期客户头脑里占据一个真正有价值的地位,不是创造出新的、不同的东西,而是改变人们头脑中已存在的东西。产品定位则恰恰相反,它正是企业对产品要做的事,是确定企业经营方向及目标,或者说是确定企业产品在未来市场中的位置。而决策者和全体员工要做的事,是创造出新的产品或新的产品结构。
>
> ②依据不同。广告定位的依据是人们大脑的认知规律。因为大脑不能处理全部信息,所以应该集中研究一下预期客户的观念,而不是产品的现实情况,应该尽量简化所要传播的信息,以便信息快速进入人们的头脑。产品定位的依据是现实市场需求及潜在市场需求、现实竞争对手及潜在竞争对手、现实企业能力及潜在企业能力、现实国家政策及潜在国家政策等。总之,一切与企业发展有关的因素,其中包括内部因素与外部因素、客观因素与主观因素、有形因素与无形因素、直接因素与间接因素等,都在考虑之中。
>
> ③意义不同。广告定位属于市场营销的范畴,目的是让产品在预期客户的头脑里占有一席之地,以便在媒体爆炸、产品爆炸和广告爆炸的时代顺利地把现有产品卖出去。产品定位则属于企业发展的范畴,目的是贯彻有所为、有所不为的经营方针,是为了改善现有产品,是为了明确经营方向和经营目标,从而实现企业迅速而又健康地发展。

三、观念定位

观念定位着眼于消费者的心理习惯和认识习惯,其特点是通过满足消费者的心理诉求,为产品树立一种新的价值观,借以改变消费者的习惯心理,形成新的认识结构和消费习惯。在具体操作过程中,观念定位有观念转换、是非定位、逆向定位、心理定位等定位模式(图2-7)。

1. 观念转换

其实在观念定位中,大多数方法都

图 2-7　观念定位四大模式

具有观念转换的意味。观念转换在根本上就是要促成消费者从一种固有的观念模式转向另一种新的观念模式。

例如，当市场上第一次推出一次性纸尿裤时，受到了许多阻碍。广告公司调查后发现其阻碍原因是广告观念。广告在一开始的诉求是为了让妈妈更方便省事地照看孩子，这是站在妈妈的角度考虑的，显然不具备市场发展性。通过观念转换重新定位一次性纸尿裤，将"方便省事"改为"更舒适、更安全地呵护宝宝肌肤"，让宝宝更方便自由。之后，一次性纸尿裤的销量倍增。这就体现了观念转换对品牌的影响力（图 2-8）。

2. 是非定位

是非定位就是打破既定思维模式下的观念体系，创立一种超乎传统理解上的新观念。简单地说，按照肯定或否定的简单模式对产品和市场进行最简单的逻辑区分，使之呈现为"是或不是"的状态，借以形成有利于自己的判断，这就是是非定位的核心所在。

例如，当可口可乐公司在市场占据一定的份额后，饮料分为可乐型与非可乐型。许多小公司试图混淆概念，自身的产品定位不明确。而七喜在一开始的定位中，明确表明自家饮料是非可乐型饮料。在这场定位赛中，七喜品牌巧妙应用是非定位模式，抓住了顾客的消费心理（图 2-9）。

3. 逆向定位

当大多数企业的广告定位都是以突出产品优异之处定位时，采取逆向定位反其道而行之，寻求远离强大竞争对手的不

图 2-8　观念转换

图 2-9 是非定位

同寻常构想，使自己的品牌以一种反常的独特形象进入消费者视野中。

例如，农夫山泉矿泉水在产品外包装定位上，采用逆向定位方法，通常水与绿色、蓝色联系在一起，给人一种纯净的感觉。农夫山泉矿泉水一反常态，采用红白色的包装，反而带来了不凡的业绩。由此可见，这就是逆向定位的应用（图2-10）。

4. 心理定位

心理定位是采用象征、暗示的方式，给予产品某种气质或者感受，让消费者在心理与精神上得到满足，是一种强化消费者主观感受的定位模式。

例如，某些品牌车的广告给人一种豪华、气派的感受，没有任何实质性承诺，完全是心理暗示，更是突出品牌的心理感受（图2-11）。

四、实体定位

实体定位是指在广告宣传中，突出产品的新价值，强调本品牌与同类产品的不同之处，找准自己的位置，目的是给消费者带来更大的利益。实体定位又可以分为品名定位、品质定位、功效定位、造型定位、色彩定位和包装定位等。

图 2-10 逆向定位

(a)

(b)

图 2-11 心理定位

1. 品名定位

产品名称除了要符合国家、行业标准外，在现代社会中，企业开发和生产产品也是在创造一种文化现象，这必然要求产品的名称与文化环境相适应。产品名称往往是企业经营理念的外在表现，具有文化内涵。广告以品名定位不仅能加深观众对产品的印象，还是展示企业形象的一种方式。

例如，法国兰蔻在品名定位上，"法国"二字直接表明品牌所在地。旗下的新品在定位上利用"大眼精华""小黑瓶"等词汇让产品的优势立即展现（图 2-12）。

2. 品质定位

在现实生活中，广大消费者非常注重产品的质量，而产品质量决定产品能否拥有一个稳定的消费群体。很多广告把产品定位在品质上，取得了良好的广告效果。

在品质定位上，海尔冰箱可谓是十分精准与负责。海尔集团 CEO 张瑞敏砸冰箱的故事就体现了公司对产品质量的重视。这起事件不仅没有让海尔集团遭受巨大损失，反而因为注重品质、将最好的产品送到客户手中的经营理念，让海尔集团名利双收（图 2-13）。

3. 功效定位

功效定位指在广告中突出产品的特

(a)

(b)

图 2-12 兰蔻小黑瓶

图 2-13 品质定位

类产品的优异性能为宣传重点。

例如,美的变频空调在品质定位上,"美的变频空调 想开就开"能够让人第一时间抓住"变频"两字。美的厨房电器的广告语"低碳厨房引领者"等带有产品功效的宣传一时之间让众多消费者知晓(图 2-14)。

4. 造型定位

造型定位体现了产品传递出的个性与情感,能够向消费者传递情感与审美情趣。造型定位一般用于电器、家具、潮流用品,不同的造型会带给人们不同的心理反应。在广告创意定位中,造型定位精准,能够引发消费者强烈的购买欲望(图 2-15)。

异功效,使该品牌产品与同类产品有明显的区别,以增强竞争力。广告功效定位是以同类产品的定位为基准,选择有别于同

(a)

(b)

图 2-14 功效定位

(a)

(b)

图 2-15 造型定位

(a)   (b)

图 2-16 色彩定位

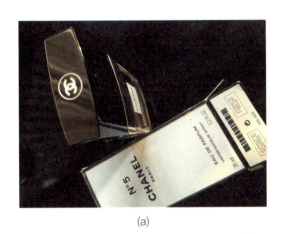

(a)   (b)

图 2-17 包装定位

5. 色彩定位

色彩是识别企业形象的关键点，不同的企业会采用不同的色彩用以与其他企业区分。此外，色彩有暖色与冷色之分，不同的颜色会给消费者不同的感受。色彩也是企业广告重要的表现因素（图2-16）。

6. 包装定位

在产品同质化严重的环境下，企业为了将自己的产品销售出去，精美的包装成为企业必备选择之一。在广告中，包装定位突出精美包装给人带来的愉悦感。

例如，香奈尔香水在包装上采用了经典的黑白搭配，深邃的黑色与金色的包装瓶，让消费者感受到低调的奢华感。可可小姐黑色香水系列采用黑色外盒包装，五号香水系列则采用白盒包装，容易区分（图2-17）。

第二节　影视广告的划分形式

影视广告可以分为电影广告、电视广告（图2-18、图2-19）。影视广告的英文缩写为"CF"（commercial film），从字面上可以理解为"商业影片"，一般泛指为使用胶片拍摄的广告片，也就是电影广告。因此，影视广告又可以称为电影广告或电视广告。

图 2-18 电视广告

1. 按是否具有商业性划分

影视广告按是否具有商业性可划分为商业广告和公益广告。

（1）商业广告。商业广告包括商品广告、企业形象广告、促销广告等。

①商品广告，是以传播商品信息为

(a)

(b)

(b)

图 2-19 电影广告

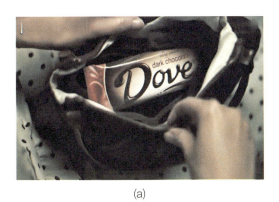

图 2-20 商品广告

主要内容,以介绍商品名称、性能、特征、用途为主要内容的广告(图 2-20)。商业广告以吸引消费者的注意力为主要目的,引起消费者对商品的兴趣而使其产生购买行为。商品广告在商业广告中所占比重较大,是商业广告的主体。

②企业形象广告。企业形象广告的目的是提高企业的知名度,树立良好的企业形象,从而在众多的竞争者中脱颖而出。从短时间来看,企业形象广告有利于提升企业销售业绩与口碑。从长远来看,循环展示企业广告,有利于扩大企业在行业内的知名度(图 2-21)。

③促销广告。促销广告是指以广告的形式直接向消费者推销某种产品或服务,将产品的质量、特征、功能传递给消费者,唤起消费者的消费欲望,如电视购物、明星代言广告都能起到十分不错的效果(图 2-22)。

(2)公益广告。公益广告又称为公共广告,是以为全社会广大民众谋取利益为目的的广告(图 2-23)。这类广告既牵涉每个公民的切身利益,又与公共利益和社会发展息息相关,所以被称为公益广告。其内容涵盖环境保护、廉政建设、交通安全、食品卫生、资源节约、安全生产、城市建设、文明礼貌等。公益广告具有社会的效益性、主题的现实性和表现的号召性三大特点。例如,中国电视媒体上最早播出的公益广告是 1986 年贵阳电视台摄

图 2-21 企业形象广告

图 2-22 促销广告

图 2-23 公益广告

制的《节约用水》。1987 年，中央电视台开播的《广而告之》栏目在公众心目中留下了很深的印象。

2. 按播放形式划分

按播放形式划分，影视广告可分为节目广告、插播广告和贴片广告。

（1）节目广告。节目广告是广告商或者企业向电视台购买或赞助的专栏节目，由企业提供制作经费，在整个节目播出的时间段插入的广告。一般来说，广告播出的时间长短由赞助商的赞助经费、节目时间、播放期数来决定，当节目播出完毕，广告也随即停止（图 2-24）。

（2）插播广告。插播广告是指在电视、电影、广播等节目播出时中断节目，转向播放商业或者公益类型等的广告。随

图 2-24 节目广告

小贴士

节目广告的优点

节目广告主要有以下优点。

①可邀请节目中的演员拍摄广告，从而产生明星效应。

②广告播放时间比较灵活，可以在节目前或节目后播放，也可以穿插在节目中间播放。

③广告时间灵活，可以打破一般广告时长的界限，制作时间长度不等的广告。

着我国互联网技术的快速发展，新型插播广告是以半屏或全屏大图方式在移动应用里展现出来，可控制广告展现的时间和界面的新型移动广告（图2-25）。

插播广告的费用要比专栏节目广告少得多，因此很受赞助商的欢迎。由于广告以插播形式出现，时长较短，费用相对较低。但是，插播广告还受到一定的限制，当广告的时间过长或播出频率过高时，如果不加以制止，广告市场将会十分混乱，插播广告方式受到国家有关职能部门的制约。如2011年底，中国广电总局决定全国所有电视台全天取消电视剧插播广告，并于2012年1月1日开始执行。

（3）贴片广告。

①网络视频贴片广告。它是指在视频片头片尾或插片播放的广告，时间从10秒到30秒不等。这是视频类网站的一大收入来源，而网络视频贴片广告算得上是电视广告的延伸，相当于是二次销售，在不同的平台上循环播放（图2-26、图2-27）。

②电影贴片广告。它是广告的运营商与电影的制作方、发行方、放映方合作，在每部电影放映前播放的品牌广告，它是

(a)

(b)

图2-25　插播广告

(a)   (b)

图 2-26   网络视频贴片广告 1

(a)   (b)

图 2-27   网络视频贴片广告 2

> 胶片可以捕捉到光影的色调变化以及色彩、色度的微妙差异，物体和场景也更有真实感和立体感。

电影广告最外在的形式，属于电影中的"硬广告"（图 2-28）。

3. 按制作形态划分

影视广告按制作形态划分，可分为电影胶片广告、现场直播广告、录像带广告、数字高清广告。

（1）电影胶片广告。它是利用电影胶片的特点，拍出具有颗粒感、色彩饱和度高、画质清晰的广告，一般常用 16mm、35mm 的胶片拍摄。虽然拍摄效果十分不错，但是拍摄成本较高，故不常使用。

（2）现场直播广告。它不经过任何后期修饰，邀请广告商与主持人在现场播实况广告，利用电视或网络与现场直接连接，将画面与声音实时直播。这种

(a)   (b)

图 2-28   电影贴片广告

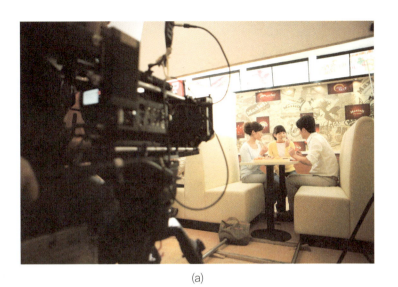

图 2-29　数字高清广告拍摄

方式一般在综艺类节目与新闻类节目中较为常见。

（3）录像带广告。它是指利用专业摄像机拍摄的广告片，其优势是不用冲洗照片，拍摄时移动方便，可以节省成本与拍摄时间。但是拍出的照片没有电影胶片效果好，保真度不高。

（4）数字高清广告。它是随着数字高清摄像机的出现和普及而迅速崛起的一种新的广告形式（图 2-29）。利用数码高清设备拍摄的广告具有画面清晰、色彩还原逼真、拍摄环境适应性强、存储量大等特点，极大节约了拍摄成本，并且拍摄完后能立即存入电脑进行后期编辑和特效合成等。

第三节　广告诉求

影视广告以其真实的视听效果寻求广大观众的情感认同，影响着人们的生活

(a)

(b)

(c)

图 2-30　脑白金广告诉求

方式和社会形态，成为现代社会生活中的重要部分。影视广告就是利用多种创意途径，把要传达的产品利益或形象折射出来，让潜在客户充分受到产品的感染，从而产生购买的行为。而影视广告诉求便是使目标受众理解并接受广告所传达产品的利益或形象。

影视广告的诉求方式是指影视广告的制作者运用各种方法，激发消费者的消费欲望，形成或改变消费者的消费习惯，促使消费者完成购买决策。例如，过年过节的时候，脑白金广告就会频繁出现在银幕上。脑白金广告的诉求是让人们接受并认可脑白金是一款适合年轻人孝敬老人的保健品（图2-30）。

一、道德诉求

影视广告的道德诉求是指通过社会公益性话题作为广告创意的切入点。在广告中强调社会公众的道德意识、审美价值、环保观念等，减少商业化信息出现的频率，弱化产品的商业化信息，在潜移默化中树立企业品牌。这种诉求形式十分具有代表性，往往能达到出其不意的效果（图2-31）。

二、感性诉求

影视广告的感性诉求是指通过抒发、描述某种情景，引发观众的情感共鸣，将观众的情感带入特定的情景中。在广告播出的过程中，首先要使观众感受到广告带来的情感体验，进而引发情感感触，从而产生感性的情绪，当观众完成这一系列的心理活动后，品牌形象在观众的心里留下

(a)

(b)

图2-31　世界和平广告

(a)

(b)

图2-32　巧克力广告

(a)

(b)

图 2-33 感冒药广告

扫码见本章案例

了深刻的印象。这也在无形中增加了品牌的附加值（图 2-32）。

三、理性诉求

影视广告的理性诉求是陈述事实、以理服人，以理性思维对消费者要购买的产品进行客观陈述，通过分析产品的优势，公平公正地传达出产品的真实情况，不弄虚作假。运用理性诉求方法要把握好广告对观众的说服力，但是又不能流于形式，避免让观众产生抵触心理（图 2-33）。

本 / 章 / 小 / 结

广告的形式多种多样，不同形式的广告展现出不同层次的寓意。本章对影视广告进行了精准定位，将广告的形式做了统一的编排，将影视广告的形式进行了分类，并作了解读，还对影视广告的性质进行细致划分，区分商业性与非商业性广告的不同之处。此外，本章分析整理了广告诉求，影视广告的诉求不仅仅是为了营销，更多的是人文关怀。

思考与练习

1. 广告定位与产品定位有什么潜在联系？

2. 产品的观念定位对广告有什么影响，请结合具体案例分析。

3. 广告的划分形式可分为哪几种？具体包括哪些类别？

4. 营利性广告与非营利性广告的本质区别是什么？

5. 广告的感性诉求有什么要求？对观众起到什么作用？

6. 请简要分析汽车广告在制作中应该如何进行品牌定位。

FRESHER BREATH THAN YOURS

第三章
影视广告创意

学习难度：★★★★☆

重点概念：影视广告创意的概念、原则、手法、表现形式、媒介

章节导读

创意是设计的源泉，没有创意的作品是谈不上设计的，创意是影视广告制作的前提条件。在影视广告制作中，影视广告创意是关键，影视广告创意是使影视广告达到影视广告目的的创造性的想法。创意能使影视广告达到促销目的，它是决定影视广告设计质量的关键环节。影视广告创意贵在创新，只有新的创意、新的格调、新的表现手法才能吸引公众的注意，才能有不同凡响的心理说服力，使公众加深对影视广告的印象，从而带来无限经济价值（图3-1）。

图 3-1 出版创意影视广告

第一节　影视广告创意的概念

一、影视广告创意

影视广告创意是通过独特的技术手法与巧妙的脚本创作，将影视广告所要表达的内容以创意的方式呈现给观众。影视广告专家 Shirey Polkoff 曾指出："创意就是用一种新颖而与众不同的方式来传达单个意念的技巧与才能。"通俗来说，影视广告创意是以新颖、奇妙的视角将产品的内容变得更加生动有趣，引发人们对产品的附加价值的遐想。

詹姆斯·韦伯·扬在《产生创意的方法》一书中对于"创意"的解释在影视广告界得到比较普遍的认同，即"创意完全是各种要素的重新组合。影视广告中的创意，常常是设计者对生活的感知，这种生活感知是指人对产品的特定知识，将这些知识重新组合即可"。

影视广告创意是设计师对影视广告创作对象进行创造性思维的活动，是通过想象、组合和创造，对影视广告主题、内容和表现形式进行全新的观念构思，创造出新的意念，使影视广告理念提升为社会公众所能感受到的具象（图3-2、图3-3）。

创意是影视广告的灵魂，而主题是影视广告的根本，影视广告创意是围绕着主题展开的想象（图3-4）。成功的影视广告主题通常只有一个。不同于其他广告形式，影视广告会受到时间、空间和媒介的限制，这就要求设计师和制作团队在较短的时间内创作出吸引受众注意、传播广告信息、刺激购买欲望的创意广告。因此，影视广告的创意要将受众的视线锁定在影视广告主题上。

影视广告的主题是影视广告进行创意制作的前提。在图3-4这则影视广告中，影视广告的主题是"活力四射"，设计师

图 3-2　创意洗衣液影视广告

图 3-3　创意冰箱影视广告

图 3-4　士力架影视广告

从"赶走疲劳"的角度出发，将一个人从疲劳状态激发到活力四射的状态，让观众瞬间明白这个影视广告产品的作用。广告中唐僧敲木鱼的动作诙谐幽默，唐僧吃完士力架变身运动强人时，则显得十分惊喜有趣。

二、影视广告的创意特征

1. 目标性

影视广告的目标对象是指影视广告的诉求对象，也就是我们常常谈论的"影视广告给谁看"这个问题。例如，早教机类影视广告的诉求对象大多是学生家长，相信很少有儿童有兴趣。而扫地机器人的诉求对象是家庭主妇（图3-5、图3-6）。影视广告创意要针对影视广告的对象，并以其为目标表现影视广告主题，准备相应策略，否则就难以收到良好的影视广告效果。

2. 主题性

影视广告的主题是影视广告定位的重要构成部分，即影视广告的内容。这需要根据影视广告商要求、消费者需求以及产品特征三方面确定。影视广告主题是影视广告策划活动的中心，每一阶段的影视广告工作都紧密围绕影视广告主题展开，不能随意偏离影视广告主题（图3-7）。

3. 独特性

影视广告创意的独特性是指影视广告创意不能随意模仿其他影视广告创意，给人雷同与平庸之感。唯有在创意上新颖独特，才会在众多影视广告创意中成为一枝独秀，从而产生感召力和影响力（图3-8）。

4. 趣味性

影视广告创意要想将消费者带入一种印象深刻、浮想联翩、妙趣横生、难以忘

图3-5 目标性影视广告1

图3-6 目标性影视广告2

(a) 矿泉水

(b) 鸡尾酒

图3-7 主题性影视广告

(a) 洗衣粉广告　　　　　　　　　(b) 摄像机广告

图 3-8　独特性影视广告

(a)　　　　　　　　　　　　　(b)

图 3-9　趣味性影视广告

怀的境界中去，就要采用生动的表现手段，立足现实，反映现实，以引发消费者共鸣。但是影视广告创意的艺术处理必须严格限制在不损害真实性的范围之内（图3-9）。

三、影视广告的创意思维

1. 求异性

创意思维的求异性是要打破原有的思维模式，寻求事物质和形的变异。思维的求异性是影视广告创意思维的主要特征。影视广告创意的生命力就在于与众不同，主题应当独特。在产品同质化严重的今天，在表现平凡的主题时表现手法仍然要创新（图3-10）。

2. 抽象性

思维的抽象性是在比较分析的基础上，从事物的诸多属性中抽取本质属性。抽象性是影视广告创意思维的形式特征。影视广告创意思维的抽象性其实考验的就是广告设计师的概括能力和透过现象看本质的能力（图3-11、图3-12）。

3. 联想性

思维的联想是由一种事物想到另一种事物的心理过程。联想的产生一般由当前感知的事物引起，同时也会由回忆中的事物引起。影视广告创意的联想包括事物概念之间的联想、事物形态之间的联想、事物意义之间的联想、事物性质特征之间

(a)

(b)
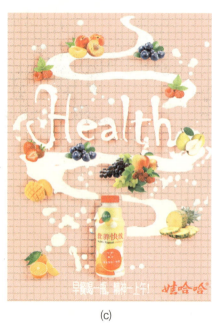
(c)

(d)

图 3-10　求异性影视广告

图 3-11　抽象性影视广告 1

图 3-12　抽象性影视广告 2

图 3-13　联想性影视广告 1

图 3-14　联想性影视广告 2

的联想等。

　　联想实质上是在承认事物相似的基础上，在不同系统间交换表达符号的过程。对影视广告设计师来说，就是要找出这些表达符号，靠大脑中的联想机制来创造新形态。而观众在看到影视广告时，也会展开另一种联想心理活动，通过对相似事物的认同来理解影视广告的意义（图3-13、图3-14）。

　　事物之间能表现相似的成分包括事

小贴士

影视广告创意的要求

　　影视广告创意的要求如下。

　　①准确性。准确传递信息是影视广告创意的基本目的。任何让人感到有趣、刺激的影视广告，如果创意不能准确地传递影视广告的核心信息，就不可能实现影视广告的目的。因此准确性是影视广告创意的基本标准。

　　②独创性。创意首先要独创，一个影视广告没有不同凡响之处，就很难被消费者接受。独创性就是影视广告的差异化，是影视广告创意能够脱颖而出的重要标准，也是影视广告能够长期生存的基础。

　　③单一性。影视广告的播放时间很短暂，要想在短暂的时间里准确、有效地传递核心信息，信息量与信息结构必须尽量简短单纯。通常视频影视广告的时间不会超过60秒，大多是30秒、15秒、5秒，要想在这么短的时间里实现有效的信息传递，简单是第一标准。

　　④关联性。影视广告创意与人的需求之间是否存在一定的关联性，消费者有某种消费需求时是否会联想到影视广告中的产品，是衡量创意的高级标准。

物的概念、形态、意义等要素。相似还是作为整体的事物与事物之间的联系基础。影视广告创意的切入点和表达意向可以从这些相似的要素中寻找。

第二节 影视广告的创意原则

一、影视广告的创意原则

1. 原创性原则

原创性原则是指作品应具有首创性，内容和形式都具有独特个性。影视广告创意的原创性实质就是具有原创精神（图3-15、图3-16）。

2. 关联性原则

关联性原则指影视广告创意要与商品信息相关，与目标对象的生活形态相关，与企业期望的公众行为相关，否则就失去了意义。利用影视广告的创意使商品形成一种气质，并使创意与商品的定位产生内涵联系。任何脱离了商品特征、目标市场定位和影视广告主题要求的创意都是不可取的。

（1）与商品信息关联。影视广告是为表现商品或服务的特点而设计的，它所表现的内容和形式都要紧紧围绕商品相关的主观信息或客观信息，让受众知道是宣传商品或服务哪一方面的信息。表现的内容和形式要让消费者产生自然的联想，有说服力（图3-17）。

（2）与目标对象的生活形态关联。影视广告是针对特定对象的传播方式。影视广告所宣传的内容及其形式应该是目标对象熟悉的。这样才容易让受众产生

图3-15　原创性影视广告1

图3-16　原创性影视广告2

(a)

(b)

图3-17　关联性影视广告1

图 3-18　关联性影视广告 2　　　　　图 3-19　关联性影视广告 3

亲近感和好感，进而发生购买行动（图 3-18、图 3-19）。

（3）与企业期望的公众行为关联。影视广告要为实现企业的目标服务。影视广告商投资影视广告是为了收益。每个影视广告作品、影视广告活动都是为达到某一目的而做的。

3. 震撼性原则

震撼性原则是指影视广告要给消费者留下深刻的印象，有助于消费者在产生相关需求的时候想起影视广告中的产品，从而购买该产品。

事实和情感都可让观众感到震撼，影视广告的震撼力来自纯粹的感官刺激，同时影视广告创意震撼性要表现出化腐朽为神奇的效果。画面的用色、音乐、节奏、数字等都要达到令人震撼的效果（图 3-20、图 3-21）。

4. 简洁性原则

优秀的影视广告要在有限的播放

小贴士

创新思维的独创性

创新思维是对思维某些特征的强化，从多角度观察和思考问题的发散性，把需要解决的问题与其他事物进行联系和比较。创新思维具有四个方面的特性：思维过程的辩证性、思维空间的开放性、思维主体的能动性以及思维成果的独创性。其中独创性是创新思维最具代表性的特征，也是影视广告创意的关键。因为创意过程中别具一格的思维特点，就是创新思维的独创性。

图3-20 震撼性影视广告1

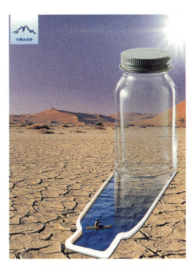
图3-21 震撼性影视广告2

时长内完成既定的影视广告信息传播，这就要求传播的内容应当尽量单纯、集中，使观众能一目了然（图3-22、图3-23）。

遵循以上广告创意原则是检验影视广告创意的标准，影视广告创意既要打破常规、新颖独特，又要遵循一定的设计原则，还要受制于产品特点，兼顾消费者、目标定位、竞争对手等元素。因此，遵循影视广告设计原则对于影视广告创意来说非常重要。

影视广告创意的思维方式有头脑风暴法、笔记法、图示联想法、水平思考法、分类归纳法和逆向思维法。

二、影视广告的创意方法

1. "3B"创意原则

"3B"创意原则是大卫·奥格威所提出的。3B可理解为"beauty、baby、beast"。"3B"原则也被称为"ABC"原则，即"animal、beauty、child"。它是指利用青春靓丽的美女、天真活泼的孩童、憨态可掬的动物形象，激发消费者怜爱与保护的心理。影视广告通常以"3B"作为制作主题。

（1）美女（beauty）。美丽的女性

图3-22 简洁性影视广告1

图3-23 简洁性影视广告2

图 3-24 美女（Beauty）

图 3-25 婴儿（Baby）

图 3-26 动物（Beast）

形象容易使人们心情愉悦，采用这种愉悦精神来表现企业品牌时，效果十分突出，可以提高人们对产品的关注程度，从而提高购买率。观众在看这类影视广告时，比较容易接受这种能满足视觉美感的产品或服务（图3-24）。

（2）婴儿（baby）。儿童具有很强的感染力，活泼可爱的形象让观众不可抗拒。这里，"baby"不仅仅是指代婴儿，可以放大到整个儿童范围，因为观众都是从这个时期经历过来的，这样能够产生共鸣，从而产生购买行为（图3-25）。

（3）动物（beast）。不同的动物能够代表不同的商品属性，依据动物的外观、生存技能、生活习性等特征都能进行联想设计，给影视广告增添活力，给观众带来许多意想不到的惊喜（图3-26）。

2. 普易斯的"AIDMA"原则

"AIDMA"是消费者行为学领域很成熟的理论模型之一，由美国影视广告学家 E.S. 刘易斯在1898年提出。消费者在影视广告播放中进行的一系列活动，从接触广告信息到购买之间会经历五个阶段（表3-1）。

3. 移动互联网时代"AISAS"原则

"AISAS"原则是在2005年由日本电通公司提出的，他们针对互联网

表3-1 "AIDMA"原则

阶　段	原　则	内　容
第一阶段	attention（引起注意）	利用富有冲击力的画面、具有诱惑力的影视广告词、美妙动感的音乐等来引起观众注意
第二阶段	interest（引起兴趣）	有趣的故事、幽默的叙述、适当的信息提醒来引起观众的兴趣
第三阶段	desire（唤起欲望）	通过创意表现突出品牌和商品的优越性和个性，让观众感受到商品的魅力，唤起购买欲望
第四阶段	memory（留下记忆）	对品牌和产品的个性、功能、价格进行详细说明，力求给消费者留下深刻印象
第五阶段	action（购买行动）	影视广告不应该带有过多的强迫性和说教性，应该娓娓道来。应注意对创意主题的细腻表达，才能拉近与观众的距离，促使完成购买行为

时代的消费者的生活形态进行分析，是基于消费者网络购买行为而提出的一种全新的消费行为分析理论。"AISAS"的前两个阶段"A"和"I"和"AIDMA"原则内容相同，但在第三个阶段"S"为search，即主动搜索信息，第四个阶段"A"为action，即达成购买行为，最后一个阶段"S"为share，即分享，将购买心得和其他人分享。"AISAS"原则指出了互联网时代下搜索和分享的重要性，而不是一味地向用户进行单向的理念灌输，充分体现了互联网对于人们生活方式和消费行为的影响与改变。

> 小贴士
>
> ### 影视广告创意的制约因素
>
> 影视广告创意的制约因素如下。
>
> ①投资者。
>
> 影视广告投资者对影视广告创作有决定权，在影视广告的创作中往往有部分投资者眼光短浅，仅仅看到眼前的利益，忽视了企业品牌的长期建设。投资者对影视广告的创意影响是间接的，投资者的知识水平和经验意识会给影视广告创作带来不可忽视的影响。
>
> ②制作者。
>
> 影视广告制作者受知识水平和专业素质影响，制作人员大约分两类：一类是受过影视广告课程系统学习的创作人员；一类则是非系统学习的创作人员，这类人士是在社会上通过实践锻炼获得经验的。前者制作的影视广告作品大多比较富有文学性，有浓厚的艺术内涵，但这种影视广告多脱离市场，全无营销思想的指导。后者对市场有着敏锐的感知力，但大多缺乏创意，并往往以简单直白的方式对产品进行叙述。这两种制作者都会影响到影视广告的水平，正确的做法需要将两者进行结合。
>
> ③观众。
>
> 观众也就是消费者，影视广告的最终结果是要在观众身上得到验证的。创作者要想让影视广告获得认可，就必须从接受者的角度去思考创作。我国是一个文化大国，人们的文化层次和消费水平都很不同，所以影视广告的创意就必须要与市场文化相融合，如果超出了当地文化的接受能力，再好的创意也没意义了。

第三节
影视广告的创意媒介

一、影视广告

1. 概述

电视影视广告是信息高度集中、高度浓缩的节目。电视影视广告兼有报纸、广播和电影的视听特色,声、像、色兼备,听、视、读并举,生动活泼的特点成为最现代化、引人注目的影视广告形式(图3-27、图3-28)。电视影视广告发展速度极快,并具有惊人的发展潜力。

2. 优势

电视影视广告优势明显,主要体现在以下几个方面。

(1)传播功能全、穿透力强。电视是集声、光、色于一身的媒介,吸引力强,观众在电视影视广告中处于被动的地位,因此影视广告具有很强的穿透力。由于电视影视广告附属于电视这个媒介之中,电视的接触度带动电视影视广告接触度。因此观众对电视影视广告接触度也高于其他媒介,高达94%,而报纸、杂志、广播媒介接触度分别为47%、24%、23%。

(2)演示生动,诉求力强。电视影视广告是连续活动的影像,可以通过演示各种技巧,从视觉、听觉上完美表现影视广告主题并突出诉求重点。电视影视广告通过影像演示可以使观众身临其境,理解并接受影视广告。

(3)受众面广,深入家庭。电视机普及率很高,受众人群达到98%以上,观看电视成为人们文化生活中的重要组成部分。影视广告也随之进入家庭,随时出现在节目中,影视广告影响大,效果明显。

(4)整合影视广告活动中的"龙头作用"。影视广告一经电视传播,易于带动其他媒介的影视广告认知,弥补其他媒介的不足。

3. 表现形式

影视广告与广播媒体一样,也是瞬时媒体,电视影视广告所持的是"爱理不理,可有可无"的态度,要使电视影视广告成为面对面的销售方式,就要在创意方面加以努力,以独特的技巧和富有吸引力的手法传达影视广告讯息。

(1)名人推荐式。用知名人士来推荐商品,利用他们的聚焦力和号召力来影响目标受众的态度,刺激消费者的购买欲。

(2)时间式。用纪录片或叙事手法向受众交代时代进展与商品的关系。

图3-27 电视影视广告1

图3-28 电视影视广告2

（3）印证式。用知名人士或普通人士来印证商品的用途及好处，以达到有口皆碑的效果，但影视广告的技巧必须高明，否则受众会怀疑其可信度及真实性（图3-29）。

这部广告片采取了倒叙手法，从绝杀一幕逐帧闪回到比赛开始之前。故事没有过多渲染赢得比赛后的庆祝画面，没有

图3-29　运动广告

炫酷的扣篮技术，有的只是教练细心的部署和球员训练的汗水、坚定的眼神和渴望胜利的决心。广告的旁白揭示出一个道理：决定比赛胜负的关键，不仅是绝杀或者技巧，不仅是观众喝彩或者教练指导，也不光靠拼劲或者训练，而更重要的是在于踏入球场前那个"胜由我定"的态度。

（4）示范式。用比较或示范的手法表现出商品过人之处或独特的优点。

（5）比喻式。用浅显易懂的比喻引出影视广告商品的主题。

（6）幽默式。用幽默风趣的语言或手法含蓄地宣传商品的特征，使受众在轻松愉快的气氛中领会与接受影视广告信息（图3-30）。奔驰采用嘲讽的语气拍摄了一则影视广告大片，它用一种打趣的方式展示奔驰AMG GT的速度（图3-30）。

（7）悬念式。用悬念手法吸引受众的注意力及好奇心，然后展示出商品。

（8）解决问题式。将一个难题用夸张的方式呈现，然后将商品介绍出来，提供解决难题的答案。

（9）特殊效果式。在音响、画面、镜头等方面加上特殊效果，营造气氛，使受众在视觉方面产生新刺激，留下难忘的印象（图3-31）。方太的这一则影视广告采用了观众最喜欢的大反转路线。观众本以为是洗发水影视广告，到结局最后突然反转。观众永远喜欢惊喜，所以方太用反转式结局给观众们带来了惊喜（图3-31）。

（10）故事式。用讲故事的形式来表现商品与受众的关系，使受众产生共鸣。

二、手机影视广告

1. 发展

随着智能手机的普及，电视收看人群由全体大众逐步收缩到中老年人，具有强烈消费能力的中青年消费者不再像以前那样关注电视节目。

目前，随着我国手机用户普及率的上升，手机作为一种新型媒体，其应用价值也日益凸显。手机媒体拥有其他媒体无法比拟的优势，例如覆盖人群广，传播成本比较低廉，它可以方便地把人们的零碎时间利用起来，并且能够极为快捷地传播信息（图3-32）。

2. 形式

手机影视广告可以分为以下几类。

（1）横幅影视广告。此类广告是最普遍的移动影视广告形式，一般在APP界面的顶部或底部出现，有静态图、GIF图、文字链，也有多帧图片滚动的动画图（图3-33）。

（2）公告影视广告。此类广告在电商类或社区类APP的首页，公告样式的影视广告特别多，图3-34是手机网购网站的APP首页截图。APP的头条是公告，有时也称小喇叭。影视广告信息不断滚动播放。

（3）信息流影视广告。信息流影视广告经常和正常的信息混在一起，不容易被识别，用户不知不觉中将影视广告观看完了，常见的信息流影视广告如微信、微博（图3-35）。此外，还有资讯类APP，如今日头条、网易新闻等。

（4）移动视频影视广告。在移动视

图 3-30　幽默式电视影视广告

频平台，常见的影视广告形式主要有两种：贴片影视广告和角标影视广告。贴片影视广告是指非会员一般在视频开始之前都会看到一小段精准推送的短视频影视广告。贴片影视广告允许观看几秒后跳过。这是种很聪明的选择，否则观众不喜欢看，用户体验差，影视广告商也没有收益，不如允许用户跳过，并且通过标记跳

图 3-31 特殊效果式电视影视广告

过时间点来判断用户对哪类影视广告更感兴趣，进而做到更精准的影视广告推送（图 3-36）。角标影视广告是以透明的样式出现在视频播放窗口旁边的影视广告形式，一般有动态效果，以便能在观看过程引起用户的注意，角标影视广告是允许用户关闭的。

（5）富媒体影视广告。富媒体影视

(c)
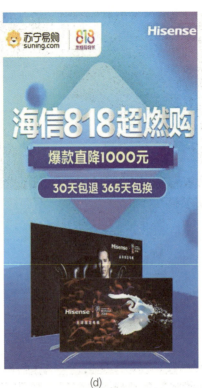
(d)

(c)

图 3-32　手机影视广告

广告是基于富媒体技术之上的一种新的互联网广告形式。它的特点就是利用富媒体技术把大容量的广告文件（如视频广告片、Flash 广告等）在大流量的门户网站上流

图 3-33　横幅影视广告

图 3-34　公告影视广告

图 3-35　信息流影视广告

图 3-36　移动视频影视广告

畅播放。这种广告具有网络互动的优势，从而达到一种强曝光、高点击的效果。富媒体广告是能达到 2D 及 3D 的 Video、Audio、JAVA 等具有复杂视觉效果和交互功能效果的网络广告形式。

（6）插屏影视广告。这类广告在游戏类或视频类 APP 较为常见。插屏影视广告也分静态图和 GIF 图，一般都是精准影视广告推广形式，视觉冲击力更强，影视广告效果更好。影视广告效果与用户体验一般为负相关，插屏影视广告比横幅影视广告效果好、收益更高，但比较影响用户体验（图 3-37）。

（7）全屏影视广告。全屏影视广告几乎每个 APP 都有。当用户打开 APP 时，以全屏方式出现 3 秒左右，一般可手动跳过，可以是静态图片，也可以是多帧的动画或 Flash（图 3-38）。

三、网络影视广告

网络影视广告就是在网络平台上投放的影视广告。网络影视广告利用网站上

图 3-37　插屏影视广告

图 3-38　手机全屏影视广告

> **小贴士**
>
> **富媒体广告的优缺点**
>
> 富媒体广告的优点和缺点如下。
>
> ①优点。富媒体广告具有丰富的创意空间,广告文件的容量比起传统的网络广告要大得多,从而为广告的创意准备了更广阔的创意空间。它有30秒、15秒、8秒等时长,这与电视的视频广告相当。富媒体广告有强大的压缩、下载等功能,能够在网民打开网页的瞬间完整播放,并通过强大新颖的创意直接刺激受众的视觉和听觉感官。网络媒体受众年龄层大多在18~35岁之间,这正是市场消费的中坚力量,这也是网络媒体特殊受众的价值所在。
>
> ②缺点。富媒体广告价格高,中小企业没有能力支付其费用,例如:新浪门户首页的富媒体广告4个小时的价格高达40万,新闻中心的富媒体广告也近30万,这样高的价格令无数中小企业望尘莫及。此外,行业模式容易拷贝,竞争日益激烈,这种广告模式很容易被同行复制,从而迅速失去市场优势。

的影视广告横幅、文本链接以及多媒体的方法在互联网刊登或发布,是通过网络传递到互联网用户的一种高科技影视广告运作方式。

因特网已经成为继电视、广播、报纸、杂志四大传统媒体之后的第五大媒体。与传统媒体影视广告相比,网络影视广告具有得天独厚的优势,是实施现代营销媒体战略的重要部分。网络是一个全新的影视广告媒体,速度快,效果很理想,是中小企业扩展壮大的好途径,对于广泛开展国际业务的公司更是如此。

网络影视广告覆盖面广阔,充满了商业机会,因此我们应该设法了解它并掌握它,从而利用它来为我们创造更多的财富。作为影视广告商和最终的影视广告客户可能会对一些网络影视广告术语感到困惑,下面对网络影视广告相关的名词进行解释(图3-39)。

1. 要素

网络影视广告是一种崭新的影视广告形式,有鲜明的特点,也有无限的利用价值(图3-40)。

(1)广告主,发布网络影视广告的企业、单位或个人。任何人都可以在影视广告法律法规许可的范围内,自行上网或通过他人在网上发布各类影视广告。

(2)广告费用,上网发布影视广告所需的资金投入。

(3)广告媒体,网络影视广告的媒

图 3-39 网络影视广告 1

图 3-40 网络影视广告 2

体就是网络。这是一个利用网络方便高效地进行数据交换的系统，由网站服务器和网站浏览器构成，为网络用户提供彩色的多媒体界面。商业单位利用网站站点，可以在全世界范围内提供 24 小时在线服务。网络影视广告多是在网络上发布，网络页面就是网络影视广告的载体（图 3-41）。

（4）广告受众，它是网络影视广告指向的对象，或称网络影视广告的接受者。所有网上活动的人就是网络影视广告的对象。在世界范围内，网民人数迅猛增长。目前网络影视广告的受众已经是相当大的群体了。从这个意义上讲，网络完全称得上是大众传媒。

（5）广告信息，指网络影视广告的具体内容，即网络影视广告所传达的具体产品或劳务信息。网络信息可能有很多文字，也可能只是一句话或一个网幅、一个图标。

2. 特点

在因特网广泛应用之前，人们普遍接触的是电视、广播、报纸、杂志这四大媒体。这四大传统媒体的不足之处在于只

(a)　　　　　　　　　　　　　　　　(b)

图 3-41　广告媒体

能单向交流,强制性地发布影视广告信息,受众不能及时、准确地得到或反馈信息,只能被动接受。与此相反,网络影视广告因含有更高的技术,其特点如下。

(1) 传播范围最广。网络影视广告的传播不受时间和空间的限制,它通过互联网 24 小时不间断地把影视广告信息传播到世界各地。只要具备上网条件,任何人在任何地点都可以观看。这种效果是传统媒体无法达到的。

(2) 实时、灵活、成本低。在传统媒体上发布影视广告后很难更改,即使可改动,往往也要付出很大的经济代价。而在网络上播放影视广告能按照需要及时变更影视广告内容。这样,经营决策的变化也能及时实施和推广(图 3-42)。

(3) 交互性强。交互性是网络媒体最大的优势,它不同于传统媒体信息的单向传播,而是信息互动传播,用户可以获取他们认为的有用信息,厂商也可以随时得到宝贵的用户反馈信息。

(4) 强烈的感官性。网络影视广告的载体基本上是多媒体、超文本格式文件,图、文、声、像并茂,可以使受众对感兴趣的产品了解得更为详细,使消费者能亲身体验产品、服务与品牌。这种形式传递多感官的信息,让顾客感受到商品或服务,并能在网上预订、交易与结算,大大增强了网络影视广告的实效性(图 3-43)。

(5) 传播效果易于控制。传统媒体影视广告很难让商家准确地知道有多少人

(a)　　　　　　　　　　　　　　　　(b)

图 3-42　网络影视广告的实时变化

图 3-43 网络影视广告中图、文、像

接受到影视广告信息,而在网络上可通过访客流量统计系统,精确统计出每个影视广告有多少个用户看过,以及这些用户查阅的时间分布和地域分布,从而有助于商家正确评估影视广告效果,审定影视广告投放策略,使影视广告商在激烈的商战中把握先机。

(6)针对性强。根据分析结果显示,网络影视广告的受众是年轻、有活力、受教育程度高、购买力强的群体,网络影视广告可以帮影视广告商直接命中最有可能的潜在用户。

(7)网络影视广告的核心优势在于互动性和散播力,较之传统媒体而言,网络媒体的特点在于其全能性及在打造品牌和营销方面的力量。同时,作为一种及时互动的影视广告媒体,它的营销效果也是可以测试的。与传统的电台、电视、报纸等影视广告形式相比,网络影视广告的优势表现见表 3-2。

3. 效果检验

影视广告在网站上进行投放后,并不意味着就万事大吉了,还要对影视广告效果进行监测,根据监测结果来判断是否达到了预期效果,以便寻找未来的改进方向(图 3-44)。以下三种方式可以监测影视广告效果。

(1)服务器访问统计监测。目前有一些软件专门用于影视广告分析,可以生成详细的报表。影视广告商可以随时了解在什么时间有多少人访问过载有影视广告的页面,有多少人通过影视广告直接进入影视广告商的网址等。

(2)通过查看客户反馈量。如查看客户反馈量和电子邮箱在影视广告投放后是否大量增加来测定影视广告效果。

表 3-2 网络影视广告与常规媒体对比

媒体类型	时效性	互动性	更新速度	成本	选择性	传播范围
网络	无时差	高	随时	低	自主	全世界
广播	无时差	中	延迟	中	被动	区域
电视	无时差	中	延迟	高	被动	区域
平面媒体	延迟	低	延迟	中	被动	区域

（3）通过影视广告评估机构。监测网络影视广告效果还是一个全新的领域，目前美国IAB和一些Web评级机构希望能够充当权威检测人的角色。迄今为止，我国还没有专门的影视广告评估机构。

扫码见本章案例

(a)

(b)

图 3-44　服务网站的影视广告

本 / 章 / 小 / 结

本章主要以图文并茂的编写方式，将影视广告创意的概念、原则媒介进行了详细的讲述。创意是影视广告中十分重要的环节，没有创意的广告是无法激起观众的好奇心的，就是一个失败的广告。本章从各个角度来表现创意在影视广告中的优势，为从事影视广告制作提供宝贵的知识体系。

思考与练习

1. 什么是影视广告创意?

2. 创意影视广告具有哪些特征?

3. 广告创意思维分为哪几种?

4. 手机影视广告的优势是什么?

5. 网络影视广告与常规媒体广告相比有何优势?

6. 影视广告创意原则有哪些?主要意义是什么?

第四章
影视广告拍摄制作

学习难度：★★★★★

重点概念：分景、构图、剪辑、效果

章节导读

影视广告是覆盖面较广的广告传播方法之一。在影视广告中，拍摄是首要环节，拍摄效果会直接影响后期整体效果，因此在制作拍摄上更要精益求精。广告拍摄通过突出商品的形状、色彩、结构、性能、用途等特征，将商品优势逐步体现出来，这是传播商品信息的有效手法（图4-1）。

图 4-1　影视广告

第一节　景　别

在影片的基本构成中，镜头可以捕捉到不同的画面。这些画面组合到一起，形成具有冲击力的画面，将不同的景色形成特别的视频语言，向观众传播影片信息。景色可分为近景、中景、远景、全景、特写五种，还可以分为中近景、大特写、大远景等。在拍摄时没有严格的标准与限制，可以根据现场拍摄要求来定。一般要控制被摄主体和画面形象，尤其是确定屏幕框架中的构图以及拍摄景色在画面结构中所呈现的大小和范围。

一、近景

近景主要是为了表现成年人胸部以上部分或景物局部的画面。在表现人物时，近景画面中人物要占据50%以上的画幅。这时，人物的头部成为观众重点关注的部位，近景常用来细致地表现人物的面部神态和情绪。因此，近景是将人物或被摄主体推向观众眼前的一种表现方式（图4-2）。

近景画面中主体周围环境的特征已不明显，背景的作用大大降低，画面应力求简洁，色调统一，避免杂乱背景喧宾夺主，特别要注意避开背景中那些明亮夺目易分散观众注意力的物体，从而让主体始终处于画面结构的主体位置（图4-3）。

人物处于近景画面时，眼睛成为重要的形象元素，因此，在影视广告的拍摄过程中，对主要演员的近景镜头拍摄中，一般要对眼神进行光处理。近景画面中被摄人物面部肌肉的颤动、目光的流转等都能给观众留下深刻的印象，反映出人物内心的波动，让观众与被摄人物之间的距离更近，使人物表情在视觉

(a)　　　　　　　　　　　　　　　　(b)

图 4-2　细致表现人物

(a)　　　　　　　　　　　　　　　　(b)

图 4-3　主体人物处于主导位置

中更突出。

在传统的电视节目中，摄影师通常使用近景拍摄来增加画面人物和观众之间的交流，拉近他们之间的距离，从而更好地向观众传达画面内人物的内心情感和心理世界，吸引观众产生身临其境的感觉。如《新闻联播》中主持人就以近景画面出现在观众面前，使播报的新闻内容更容易被观众接受（图 4-4）。

在影视广告拍摄中，近景使用较多，

(a)　　　　　　　　　　　　　　　　(b)

图 4-4　近景拍摄

主要是因为近景易产生消费者与商品近距离的情感交流，广告商都希望将自己产品的独特性展示出来，观众对近景画面的观察也较细致。在拍摄近景画面时，要充分注意到画面中形象的真实性、生动性和情节的客观性、科学性。

二、中景

中景一般在拍摄中取成年人膝盖以上的部分或局部场景，中景比近景的视距稍远。中景画面中人物整体形象和环境空间降至次要位置，它更重视具体动作和情节。由于中景取景范围较宽，可以在同一画面中拍摄多个人物活动。

中景使观众看到人物膝部以上的形体动作和情绪交流，有利于交代人与人、人与物之间的关系。中景画面中人物的视线，人物的动作线，人与人、人与物、物与物之间的关系线等，都反映出较强的画面结构线和人物交流区域。如果拍摄建筑风景等户外场景，中景一定要有明确的主体形象，这也是拍摄的中心（图4-5）。

中景画面可以完美表现人的手臂活动。人物上半身动势活跃最明显的就是手臂，中景画面可以将其完整而突出地呈现出来。中景使被摄体外沿轮廓局部画面中断，而其内部结构线则相对清晰，它能成为画面结构的主要线条。中景画面削弱了外沿轮廓线的表现因素，加强和突出了物体内部结构线的表现因素。

中景取景范围较宽，可以在同一画面中拍摄几个人物及其活动，因此有利于交代人与人之间的关系。中景在影片中占较大比例，大部分用于需识别背景或交代动作路线的场合。中景的运用不但可以加深画面的纵深感，表现出一定的环境气氛，而且镜头的组接还能把某一冲突的经过有序表现出来。

在有情节的场景中，中景画面常作为叙事性描写。因为中景既给人物形体动作和情绪交流的活动空间，又不与周围气氛和环境脱离关系，可以揭示人物的情绪、身份、相互关系及动作目的。当中景表现人物之间的交谈时，画面的结构中心不是以人物之间的空间位置为主，而是以人物视线的相交点和情绪上的交流线为主。当表现人与物的关系时，画面以人与物的连接线为主，这样的画面具有连贯性（图4-6）。

在影视广告中，中景常用来展示商品的使用过程和使用效果，特别用来表现

(a)

(b)

(c)

图4-5　建筑风景中景拍摄

(a)　　　　　　　　　　　　(b)

图 4-6　中景画面

人与商品的关系，表现出商品的关键部位等。在一些气氛型、情节型广告中，宜于表现人与人之间的情感交流和亲密关系，体现商品在人际交往中的重要意义和人文价值（图 4-7）。

三、远景

远景是指从较远的距离上观察和拍摄景色，又称大全景。远景视野广阔，景深悠远，主要表现远距离人物和周围广阔的自然环境，以表现场景氛围为主，但是内容的中心往往不明显。远景以环境为主，可以没有人物，或人物仅占很小的部分。它的作用是展示巨大的空间、介绍环境、展现事物的规模和气势，拍摄者也可以用它来抒发自己的情感。

远景适宜表现辽阔深远的背景和浩渺苍茫的自然景色，但不能表现细节，在理性诉求广告中较少运用，多用于感性诉

图 4-7　中景展示过程拍摄

求广告、企业形象广告、公益广告中,以渲染气氛、营造气势为表现手法,或者用于隐喻、象征性镜头。摄像中的远景是电影摄影机摄取远距离景物和人物的一种画面。这种画面可以使观众在银幕上看到广阔深远的景象,以展示人物活动的空间背景或环境气氛(图4-8)。

在影视广告中,大远景比远景视距更远,适用于展现更加辽阔深远的背景。这类镜头没有人物,或人物只占很小的位置,给人以整体的感觉。

四、全景

全景包括被摄对象的全貌及其周围的环境。与远景相比,全景有明显的作为内容中心、结构中心的主体。在全景画面中,无论人还是物体,其外部轮廓线条以及相互间的关系,都能得到充分的展现,环境与人的关系更为密切。

全景拍摄是指以某个点为中心进行水平360°和垂直180°拍摄,将所拍摄的多张图拼接成一张长与宽比为2∶1的照片拍摄及图片拼接方法(图4-9)。

同时,全景画面能够完整地表现人物的形体动作,借此反映人物内心情感和心理状态,还可以通过特定的环境和场景表现特定人物。人是影视艺术表现的中心,完整地表现人物的形体动作(即人物性格、情绪和心理活动的外化形式)是全景画面的功用之一。

远景中人物所占比例过小,在近景中难以反映人物的活动空间和全身动作,而全景将被摄人物全身收入画框并留有一定环境空间,框架线条平静笔直,人体运动活跃多变,两者形成很好的烘托和映衬关系。

全景在影视广告中能展示商品的整体外观特征,能表现人与商品、周围环境、自然景物的关系,表达人与人的关系等,是不可或缺的拍摄方法(图4-10)。全景将被摄主体人物及其所处的环境空间在一个画面中同时表现,可以通过典型环境和特定场景表现特定的人物,交代事件发

图4-8 展示环境氛围1

图 4-9　展示环境氛围 2

生的环境及主体与周围环境的关系。环境对人物有说明、解释、烘托、陪衬的作用。全景画面还具有定位作用，即确定被摄人物或物体在实际空间中方位的作用。

五、特写

特写是表现成年人肩部以上的头像或被摄对象细部的画面，常用来从细微之处揭示被摄对象的内部特征及本质内容（图 4-11）。特写画面可起到放大形象、强化内容、突出细节等作用，会使观众产生一种探索欲。

特写画面通过描绘事物最有价值的细部，排除一切多余形象，从而强化了观众对所表现的形象的认识，并达到透视事物深层内涵、揭示事物本质的目的。例如，手握成拳头以充满画面感的形式出现在屏幕上时，它已不再是一只简单的手，而象征了一种力量，被赋予了某种权力，代表了某个方面，反映出某种情绪等。

例如，在拍摄咖啡广告时，将咖啡

图 4-10　全景拍摄

图 4-11 特写

豆与咖啡成品用局部特写呈现,突出咖啡的质感和咖啡豆的诱人气息。泡好的咖啡让人垂涎欲滴,特写的画面能够最大限度地激发观众的探索欲(图 4-12)。在美食广告中,特写拍摄方式十分常见。

在造型上特写画面内的形象呈现出一种突破画框向外扩张的趋势,仿佛将画内情绪向画外推出,从而创造了视觉张力。特写画面在表现人物面部时,揭示出人物复杂多样的心灵世界,并通过其面部表情和眼神变化形成一种区别于戏剧舞台的影视场面。在有情节的故事型影视广告中,人物面部表情和眼神变化所反映出的思想活动和意念,在表现某些特殊场面时有着无限的可能性,并形成影视语言的一个戏剧因素。

利用特写来表现空间方位不明确的场景,在场景转换时,可以将镜头画幅由特写打开至新场景,观众不会觉得突然和跳跃。此外,特写画面能准确地表现被摄体的质感、形体、颜色等。特写与远景注重"量"的表现相比,特写更

(a)

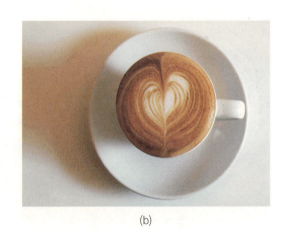

(b)

图 4-12 咖啡广告特写

图4-13 特写展示质地1

图4-14 特写展示质地2

讲究物体"质"的表现。特写画面表现景物时,可以将极小的物体放大呈现,让观众不得不看到。这样的拍摄手法能够最大限度地调动观众的情绪,通过画面效果来感染观众。

在影视广告中,我们可以看到一些广告常采用特写的方式,体现出精湛的工艺、优质的材质、高超的设计水平。因此,特写是表现质地的重要方式(图4-13、图4-14)。

在拍摄特写画面时,首先要求构图饱满,对形象的处理要宜大忌小,空间范围要宁小勿空,使特写成为剔除一切多余形象的特别写照。然后,要严格控制画面的曝光度,尽管后期制作中可以进行调整,但是在拍摄中还是要注意画面曝光问题,曝光不足或者过量,都会破坏物体的质感、色彩、细腻性,没有质感的特写犹如没有灵魂的画作。最后,要避免画面过于空旷而导致镜头孤立,这样的画面会产生强烈的混乱感,使得观看影视广告的观众感到无所适从,不理解拍摄的主题。

在影视广告中,特写可以将产品或服务的特点、质地等细微地展示出来,具有放大、凸显商品亮点的效果,是影视广告的重要景别,多用于食品、汽车、家用电器、服装等商品广告中,通过画面细节来表现外观、质感、性能等(图4-15～图4-18)。

图4-15 美食特写

图4-16 汽车特写

图 4-17 电器特写

图 4-18 服装特写

> 构图的基本原则是均衡与对称、对比和视点。

第二节
构 图 形 式

构图是指在影视广告拍摄过程中，将被摄对象与各种造型元素有机地组织、选择和安排，以塑造全新的视觉形象。构图的首要任务是突出主体形象。这就要求摄像师正确地选择和安排主体的位置，处理好主体与附体、主体与环境和背景的关系，以恰当的拍摄角度和景别，配置好光、色、影调、线、形等造型元素，以获取尽可能完美的形式与内容高度统一的影视画面（图4-19）。

一、构图分类

由摄像机与被摄对象之间的动静变化与取景构图所产生的画面结构不同，形成各种构图形式。构图形式是各种视觉因素为了表现内容和主题在画面中的布局形式。

构图形式根据性质不同，可以分为单构图、多构图、静态构图、动态构图等。构图形式根据外在线形结构的区别，可以分为水平线构图、垂直线构图、斜线构图、曲线构图、黄金分割式构图、九宫格式构图等。

(a)

(b)

图 4-19 影视广告构图

图4-20 根据性质构图

多构图镜头不经过外部组接，而是在一个镜头内部通过蒙太奇造型形式、被摄对象与摄像机的调度、焦点虚实变化等多种手法变化构图形式。多构图镜头能在一个镜头里传递多种信息，在影视广告中运用较多。

（3）静态构图（图4-23）。静态构图是指画面造型元素及结构均无明显变化的构图形式。静态构图多为单构图形式，多用于展示产品外观。一般情况下，被摄对象与摄像机均处于静止状态，镜头内的构图关系基本固定。

（4）动态构图（图4-24）。动态构图是指造型元素及画面结构发生变化的画面构图形式。动态构图下被摄对象与摄像机同时或分别处于运动状态，使得画面内视觉形象的构图组合及相互关系连续或间断地发生变化。

1. 根据性质构图

根据性质构图的分类见图4-20。

（1）单构图（图4-21）。一个镜头中只表现一种构图组合形式，其间不发生结构变化的构图形式即为单构图。单构图画面中被摄对象基本处于固定状态，也不表现明显的光影和色彩变化。虽然这种构图形式在目前的影视广告中所占比例较小，但摄像师也不时会运用单构图来表现特定的内容和情绪氛围。

（2）多构图（图4-22）。画面的结构关系及构图样式连续地或间断地发生变化，出现构图组合的构图形式为多构图。

2. 根据线形构图

根据线形构图的分类见图4-25。

（1）水平线构图（图4-26）。水平线构图的主导线形是向画面的左右方向（水平线）发展，适宜表现宏阔、宽敞的横向大场面景物。如拍摄农田丰收景象、

图4-21 单构图

图4-22 多构图

图 4-23 静态构图

图 4-24 动态构图

图 4-25 线形构图分类

海上捕鱼情况、草原放牧场景、层峦叠嶂的远山、大型会议合影等，经常会用水平线构图来表现。

（2）垂直线构图（图 4-27）。垂直线构图的景物多是向画面的上下方向发展的，采用这种构图的目的往往是强调被摄对象的高度和纵向气势，如拍摄高层建筑、钢铁厂的高炉群、树木、山峰等景物时，常常将构图的线形结构处理成垂直线方向。在拍摄美妆广告时，垂直线构图的方式十分常见，具有形式美。

（3）斜线构图（图 4-28）。斜线构图一方面能够产生运动感和指向性，容易引导观众的视线随着线条的指向去观察；另一方面，斜线能够给人以三维空间的第三维度的印象（除横向维度和纵向维度），斜线构图能够增强空间感和透视感。最典型的斜线构图是在平面的两条对角线方向的构图。采用斜线构图时，视觉上显得自然而有活力，醒目而富有动感。

图 4-26 水平线构图

图 4-27 垂直线构图

图 4-28　斜线构图

图 4-29　曲线构图

（4）曲线构图（图 4-29）。曲线构图又称为"S"形构图，也是一种常见的构图形式。在现实生活中，纯粹的直线（水平线、垂直线、斜线）固然常见，但柔和优美的曲线也不少，如人体的曲线、河流、羊肠小路、沙丘等。画面中的曲线构图形式，不仅能给观众的视觉以一种韵律感和流动感，还能够有效地表现被摄对象的空间和深度。此外，"S"形线条在画面中能够最有效地利用空间，可以把分散的景物串连成一个有机的整体。

（5）黄金分割式构图（图 4-30）。它又可称为黄金分割定律，即把一条线段分为两段之后，使其中较长一段与全长的比值等于较短一段与较长一段的比值。黄金分割在西方历史上被认为最美妙的构图原则，广泛运用于绘画、雕塑、建筑艺术之中。将黄金分割借鉴到影视画面构图中，可使整个画面具有一定的美学价值。

（6）九宫格式构图（图 4-31）。它又称为"井"字形构图，将整幅画的四个边进行三等分，即可呈现出"井"字状。在影视广告摄像中，将画面的四条边三等分，再将相对的各点两两相连，这时画面上就会出现四条连线和四个交点，即汉字的"井"字形状。通常来说，这些交叉点是安排主体的理想位置，比较接近画框边缘的黄金分割点，在视觉上容易取得较好

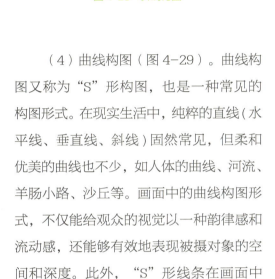
图 4-30　黄金分割式构图

图 4-31　九宫格式构图

的效果。例如，拍摄人物小景别画面时，常常将人物眼睛处理在画面的上 1/3 处。此外，在拍摄多对象、多景物的画面时，按照九宫格的连线和交点来排布位置、分配空间，也容易获得观众的认可。

在实际应用中，由于广告主题、产品千差万别，拍摄条件、要求也各不相同，需要摄影师根据具体情况作出构图选择，才能给观众最佳的视觉美感，才能有效地将广告产品的信息传递给观众。

二、特征

1. 时限性

由于影视广告的长短不一，传递的信息量也各不相同，观众只能通过这一次观看来了解广告信息，这就是广告的时限性。而广告的时长是限制观众接受信息的关键。在影视广告构图中，影视画面要简洁、意图明确，能够在第一时间里让观众了解广告信息。因为广告具有时效性，广告不能像艺术作品一样供观众长时间停看。

例如，在影视 APP 中，一般在视频前会有广告，在一个 90 秒的广告中，植入了 6 个品牌广告，平均一个广告的有效时长为 15 秒，15 秒也是观众能够接受的广告时长（图 4-32）。

2. 多视点

广告不同于绘画与照片，不仅要在一个视点上构图表现，由于广告的动态性，在拍摄的过程中需要不断变化视点、角度和景别（图 4-33）。对拍摄的主体多方位进行拍摄，不同的视点表现出不同的情感和形态，通过多视点的表达，可以将广告的意图表达得更加生动、丰满，观众也能获得更多的信息，获得更强烈的视觉感受。

图 4-32　影视广告的时限性

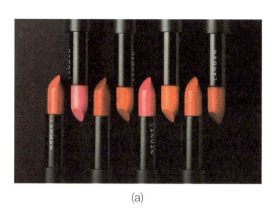 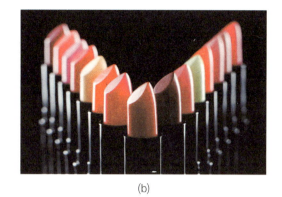

(a) (b)

图 4-33 多视点拍摄

3. 动态性

广告的画面并不是静态的画面。随着镜头的转换之间,摄像机跟随人物移动,画面在构图上随之发生变化(图 4-34)。因此,广告的动态性对拍摄的效果与拍摄人员对画面的捕捉能力的要求很高。只有按高要求的标准拍摄,才能拍摄出高质量的影视广告。

4. 整体性

整体性是影视广告构图的重点,一个完整的广告是由多个画面共同组合而成的。影视广告的内容由这些画面发展而来,又向另一个画面延续(图 4-35)。因此,单个影视画面的构图可能并不完整,但在一系列画面组接之后会形成构图结构的整体性和传情达意的规律性。对影视画面而言,系列镜头的整体结构和组合关系会对单个镜头的构图产生特定的要求,单个镜头构图的不规则、不完整会在整体构图结构中得到解释和说明。

(a) (b)

图 4-34 影视广告的动态性

图 4-35　影视广告的整体性

三、构图元素

在影视画面的构图中，光线、影调、色彩、线条等是构成视觉形象的基本元素，通过对这些造型元素的综合运用可以完成构思的实现、立意的表达和情感的抒发等。

1. 光线

光线是影视画面构图的基础和灵魂。没有了光线，影视构图无从谈起；光线不理想，画面的构图也会受到影响（图4-36）。光线一旦发生了变化，画面的构图效果和艺术氛围也会发生改变。影视画面构图，光线的选择是决定画面构图质量的关键因素。

2. 影调

影调是指画面中的影像所表现出的明暗层次和明暗关系。影调是影视画面构成可视形象的基本元素，是处理画面造型、构图及烘托气氛、表达情感、反映创作意图的重要手段（图4-37）。

3. 色彩

色彩给影视画面注入了情感。作为影视画面的重要构成元素之一，色彩在构图中有着举足轻重的地位和作用。画面形象的色彩设计、提炼和选择搭配能够形成一定的色彩基调，产生强烈的艺术效果，从而渲染、烘托出主题和内容所需要的情绪基调和特定氛围（图4-38）。摄像人员除了从技术角度将被摄对象的真实色彩准确记录之外，还应该通过画面框架的界域创造出和谐、均衡的色彩构图，发挥色彩在强化视觉冲击、传递思想感情等方面的作用。

图 4-36　光线

图 4-37　影调

图 4-38　色彩

4. 线条

线条是指画面形象所表现出的明暗分界线和形象之间的连接线。现实中的客观实体的线条形体反映到影视画面中，同样会表现为由视觉所能感知的景物轮廓线、相类似的景物的连线等，如地平线、道路的轨迹、排成一行的树木的连线等（图4-39）。

(a)

(b)

图 4-39　线条

第三节 运动拍摄

运动拍摄是在一个镜头中通过移动摄像机机位，或者变动镜头光轴，或者变化镜头焦距所进行的活动，如升降摄像、跟摄、推摄、移摄、拉摄、摇摄、综合运动拍摄等，所形成镜头有升降镜头、跟镜头、推镜头、移镜头、拉镜头、摇镜头和综合运动镜头等（图4-40）。

一、拍摄方式

1. 升降拍摄

摄像机借助升降装置等一边升降一边拍摄的方式为升降拍摄。用这种方法拍摄的影视画面称为升降镜头。升降拍摄是一种较为特殊的运动摄像方式，我们在日常生活中除了乘坐飞机和升降电梯等外，很难找到一种与之相对应的视觉感受。可以说升降镜头的画面造型效果是极富视觉冲击力的，甚至能给观众以新奇、独特的感受。

在影视广告中，升降拍摄可以让画面更具有震撼力，通过一上一下的角度转换，将局部放大的效果呈现出来，能够让广告的形式更加丰富。如图4-41所示，上升式拍摄能够将马卡龙的整体拍摄得十分完整，而下降式拍摄能够将马卡龙细腻的质感与色彩表现得更到位。

2. 跟摄

摄影机跟随着被摄主体一起运动的拍摄活动为跟摄，用这种方式拍摄的影视

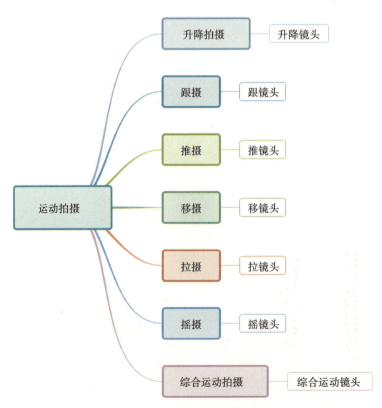

图4-40 拍摄方式及其镜头

(a)　　　　　　　　　　　　　　(b)

图 4-41　升降拍摄

> **升降镜头的作用**
>
> 升降镜头有以下几种作用。
>
> ①表现高大物体的局部。垂直地展现高大物体时不同于垂直的摇镜头，垂直的摇镜头由于机位固定和透视变化，高处的局部可能会发生变形，而升降镜头则可以在一个镜头中用固定的焦距和固定的景别对各个局部进行准确再现。
>
> ②表现纵深空间中的点面。当升降镜头视点升高，视野扩大时，可以表现出某点在某面中的位置；同样，视点降低和视野缩小能够反映出某面中某点的情况。升降镜头常用来展示事件或场面的规模、气势和氛围。升降镜头能够强化画内空间的视觉深度感。
>
> ③实现一个镜头内的内容转换。升降镜头从高至低或从低至高的运动过程中，可以在同一个镜头中完成不同形象主体的转换。比如，升镜头中较远的景物或人物最初被画面中的形象遮挡，随着镜头升起后逐渐显露出来。反之，降镜头可以实现从大范围画面形象向某一较近的形象的调度。

画面为跟镜头。跟镜头又可划分为前跟（图4-42）、侧跟（图4-43）、后跟三种形式。前跟是摄像师跟着被摄主体的正面拍摄，侧跟是摄像师跟着被摄主体的侧面拍摄，后跟是摄像师跟着被摄主体的背后拍摄（表4-1）。

图 4-42　前跟拍摄

图 4-43　侧跟拍摄

表 4-1　跟镜头的作用

特　征	内　容
突出性	能够连续而详尽地表现运动中的被摄主体，它既能突出主体，又能交代主体的运动方向、速度、体态及其与环境的关系
引导性	跟随被摄对象一起运动，形成一种运动的主体不变、背景静止的造型效果，有利于通过人物引出环境
主观性	由于从人物背后跟随拍摄，由于观众与被摄人物视点合一，可以表现出一种主观性镜头
纪实性	对人物、事件、场面的跟随记录的表现方式，在消费者真实反应类型的广告拍摄中有着重要的纪实性意义

在影视广告中，跟镜头可以展示运动物体或人在不同场景、位置中的运动状态、运动方向、运动速度和性能、行为意图等，让观众全面地把握相关信息（图4-44）。

3. 推摄

摄像机朝着被摄主体方向推进的拍摄，或使用变动镜头焦距使广告画面由远到近向被摄主体靠近的拍摄方式叫推摄。利用这种方式拍摄的影视画面称为推镜头。这

(a)

(b)

图 4-44　跟镜头展示运动中的人

(a)   (b)

图 4-45　推摄

种镜头让观众有一种视线向前移的感觉，呈现出来的视觉效果有一种过渡的感觉。

在影视广告中，这种拍摄手法常用于突出产品的特性与周边环境的关系，在感情型广告中，用于表现片中人物意识的变化（图 4-45）。

4. 移摄

移摄是将摄像机架在活动物体上并随之运动的拍摄。用移动摄像的方法拍摄的影视画面称为移动镜头，简称为移镜头。移动摄像是以人们的生活感受为基础的。在实际生活中，人们并不总是处于静止的状态中观看事物。有时人们把视线从某一对象移向另一对象；有时边走边看，或走近看，或者退远看；有时在汽车上通过车窗向外眺望。移动摄像正是反映和还原出人们生活中的这些视觉感受。

被摄主体不动或不改变运动方向，摄影机沿水平方向作横向或纵深移动的镜头，能较好地表现空间，展示环境，表现人物的行动，渲染恢宏浩大的场面，创造紧张的节奏等。移摄主要用于汽车、摩托车、飞机等产品的影视广告中，以及企业形象广告或情感表达型广告，多用于渲染浩大的场面或体现人物的行动（图 4-46）。

5. 拉摄

拉摄是摄像机逐渐远离被摄主体，或变动镜头焦距（从长焦调至广角）使画

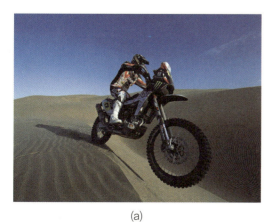

(a)   (b)

图 4-46　移摄

(a)　　　　　　　　　　　(b)　　　　　　　　　　　(c)

图 4-47　拉摄

面框架由近至远与主体拉开距离的拍摄方法,用这种方法拍摄的影视画面叫拉镜头。画面产生逐渐远离被摄主体或从一个对象到更多对象的变化,使观众有视点向后移的感觉,拉摄逐渐扩展视野范围并可在同一镜头内,渐次了解局部与整体的关系,造成悬念、对比、联想等效果。

拉摄常用于广告中揭示背景、展示气势、解释缘由、证实相关信息等,多用于情节型和生活片段型广告以及汽车品牌广告等(图 4-47)。

6. 摇摄

当摄像机机位保持不动,利用三脚架的活动底盘或摄像师通过变动摄像机光学镜头轴线的拍摄方法称为摇摄。用摇摄方式拍摄的影视画面称为摇镜头。摇镜头的运动形式多样,不同形式的摇镜头包含着不同的画面语汇,具有各自不同的表现意义(图 4-48)。

例如,水平移动镜头光轴的拍摄称为水平横摇;垂直移动镜头光轴的拍摄称为垂直纵摇;中间带有几次停顿的拍摄称为间歇摇;摄像机旋转一周的拍摄又叫作环形摇。此外,还有各种角度的倾斜摇与摇速极快形成的甩镜头等。

在影视广告中摇摄用来逐一展示较大商品不同部位,引导观众从细部到整体了解产品全貌。摇摄在房地产、旅游胜地广告中运用较多,用以展示其构造、陈设、环境、位置及自然风光等,还可以用于故

(a)　　　　　　　　　　　　　　(b)

图 4-48　摇摄

事情节型广告中表达悬念的引发、高潮和解决等。

7.综合运动拍摄

综合运动摄像是指摄像机在一个镜头中把升降、跟、推、移、拉、摇等各种运动摄像方式有机地结合起来的拍摄方法。用这种方式拍摄的影视画面被称为综合运动镜头。

二、拍摄要求

运动拍摄的基本要求是平、稳、准、匀，即画面要水平、画面要稳定、摄像要准确、摄速要均匀。

1.画面要保持水平

画面水平与否直接影响观众的视觉感受。画面的地平线要保持水平，不能倾斜，这是基本要求（图4-49）。

2.画面要稳定

影视画面稳定，这一点非常重要。要保持画面的稳定，摄影师还必须练习臂力，要能托得住、托得稳摄像机，其运动线应是水平弧线而不是水平波浪线（图4-50）。

3.摄像要准确

拍摄对象、范围、起幅、落幅、镜头运动、景深运用、焦点变化等都要准确（图4-51）。

4.摄速要均匀

在拍摄运动镜头时，摄像机镜头运动的速度要均匀，不要时快时慢、断断续续，要使画面节奏符合正常视觉规律（图4-52）。

拍摄需要遵循一定的规律，但是，

图 4-49　画面要保持水平

图 4-50　画面要稳定

图 4-51　画面要准确

图 4-52　画面要均匀

特殊情况需要特殊处理。例如，在表现激烈空战的时候，为了加强紧张刺激感，构图经常是倾斜的，然后向相反方向倾斜；记录一场抓捕罪犯逃跑的场景时，画面出现抖动、不匀称反而能显出事件的真实性。

第四节　后期制作

一、剪辑方式

影视广告剪辑手段主要是为了保证人物刻画的鲜明性、故事情节的连贯性、时间空间关系的合理性、节奏处理的准确性所采用的各种剪辑方法与技巧。影视剪辑手段是复杂丰富、多种多样的，如挖剪、分剪、分剪插接、拼剪、变格剪辑等（图4-53）。

1. 挖剪

挖剪是将一个完整镜头中的动作、人和物或运动镜头在运动中的某一部位上多余的部分挖剪去掉。这种剪辑方法是为了达到动作的连续性和鲜明的节奏感。动作挖剪以后，应当让人感到是一个完整的动作，而不应当产生跳跃感。

2. 分剪

将一个镜头分成两个或两个以上的镜头使用的方式称为分剪。此时屏幕上所呈现的镜头应该是多个镜头，而不是单个镜头。这种剪辑方式在影视广告中十分常见，主要作用是为了制造紧张的氛围，制造悬念，可以增强广告的戏剧性效果，富有节奏感（图4-54）。

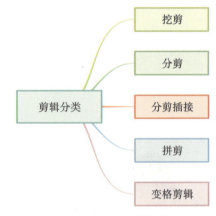

图4-53　剪辑方式的分类

图4-54　分剪

3. 分剪插接

分剪插接是为了加强影视广告的戏剧性效果，是用于弥补拍摄过程中的不足而采用的剪辑技巧。它是将一个完整的镜头分为若干段，在中间断的地方插入其他镜头，形成蒙太奇的效果。这种剪辑手法有助于进一步阐述每个镜头的内容，使得两个镜头之间互相关联。

分剪插接是影视广告剪辑中常用的方式，能够增加具有艺术张力的镜头数量。在剪辑过程中，如果按照谈话交流的顺序组接，镜头过于烦琐，不能及时表达画面的内容。使用分剪插接手法能够将整个画面内容的重点简单明了地表现出来，既能够避免因为声音接点而造成的画面跳动，又能产生相互呼应、互为佐证甚至冲突的戏剧性效果，使广告片紧凑、流畅、明快（图4-55）。

4. 拼剪

拼剪是将一个镜头内的主体动作重复拼接起来，成为一个连续、完整的动作或镜头画面。采用拼剪手法往往是因为同一内容、同一主体的镜头和主体动作不够长，为了增加长度以符合情节的要求和观众的欣赏习惯而采用的一种剪辑技巧（图4-56）。因此，拼接时一定要注意镜头画面内主体动作衔接是否准确、连续、流畅、自然。

5. 变格剪辑

变格剪辑是指剪辑者为了剧情的特殊需要，在组接画面素材的过程中对动作和时间空间所作的超出常规的变格处

图4-55　分剪插接

图 4-56 拼剪

特效一般包括声音特效和视觉特效。特效广泛应用于包装、电影、游戏、歌曲等领域。

理，造成对戏剧动作的强调、夸张和时间、空间的放大或缩小，是渲染情绪和气氛的重要手段，它可以直接影响广告影视作品的节奏。

图 4-57 广告词以"大"定位，以人物表现的形式将"大"字进行创意，从镜头表现出"大"，从广告词"20 亿"再到面饼大小的对比，突出广告的核心点，让广告显得更具吸引力。

二、特效

1. 调整

在前期拍摄的过程中，画面可能会存在偏色、亮度过强或过暗的情况，这就需要用后期软件进行调整。例如，在拍摄牙膏电视广告中，通常希望牙齿洁白无瑕。在制作过程中，很难通过灯光、摄像机的调整达到满意的效果。在拍摄完成后，对整体和局部画面进行色彩、对比度、亮度调整以达到满意的效果（图 4-58、图 4-59）。

2. 叠加

在影视广告中，我们经常要对主角和背景分开拍摄或制作，然后在后期软件中进行叠加。这就是制作后期常用的键控

图 4-57　变格剪辑

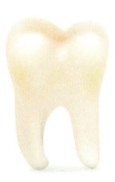

图 4-58　调整前

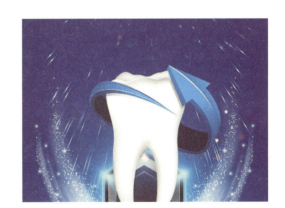

图 4-59　调整后

叠加。在大多数情况下，演员在蓝色背景或绿色背景前表演。之所以使用蓝色或绿色背景，是因为人的身体不含这两种颜色。然后将拍摄的素材数字化，并且使用键控技术，让背景颜色透明（图 4-60、图 4-61）。

各种后期软件会产生一个 Alpha 通道识别图像中的透明度信息，然后与电脑制作的场景或者其他场景素材进行叠加合成。

3. 艺术特效

在影视广告中，通过使用艺术化特效，可以模拟绘画、书写等效果，也可以模拟自然现象，如激光、闪电、烟尘或其他效果（图 4-62）。

图 4-60 叠加前

图 4-61 叠加后

(a)

(b)

图 4-62 艺术特效

4. 仿真特效

后期软件的粒子运动效果可以模拟现实世界中物体间的相互作用,如喷泉、雪花、烟花以及爆炸等特殊效果(图4-63、图4-64)。这些效果在外观的呈现上主要是受到重力、风等的作用而产生的。

三、软件

1. 剪辑软件

视频剪辑软件是对视频源进行非线性编辑的软件,属于多媒体制作软件范畴。软件通过对加入的图片、背景音乐、特效、场景等素材与视频进行混合,对视频源进行切割、合并,通过二次编码,生成具有

图 4-63 喷泉特效

图 4-64 雪花特效

不同表现力的新视频。视频剪辑软件对视频的剪辑主要有两种方式：一种是通过转换实现（多媒体领域亦称为剪辑转换）；另一种是直接剪辑，不进行转换。

（1）Adobe Premiere。这是一款常用的视频剪辑软件，由 Adobe 公司推出。Premiere 是一款编辑画面质量比较好的软件，有较好的兼容性，且可以与 Adobe 公司推出的其他软件相互协作。目前这款软件广泛应用于广告制作和电视节目制作中（图 4-65）。Adobe Premiere 软件易学、高效、精确，它提供了采集、剪辑、调色、美化音频、字幕添加、输出、DVD 刻录的一整套流程，并与其他 Adobe 软件高效集成，满足编辑、制作广告的要求。在影视广告后期剪辑中使用最广泛的是 Premiere（图 4-66）。Premiere 提供了较强的生产能力、控制能力和灵活性，能够完成采集素材、编辑素材、添加转场、添加字幕、添加特技、合成声音等工作。现在常用的版本有 Premiere 6.5、Premiere pro 1.5、Premiere 2.0 等版本。

（2）Edius。这款非线性编辑软件专为广播和后期制作而设计，特别针对新闻记者、无带化视频制播和存储。Edius 基于文件工作流程，提供了完善的实时、多轨道、多格式混编、合成、色键、字幕和时间线输出功能。除了标准的 Edius 系列格式，还支持 DVC Pro、P2、VariCam、Ikegami Giga Flash、MXF、XDCAM、SONY RAW、Canon RAW、RED R3D 和 XDCAM EX 视频素材，同时支持所有 DV、HDV 摄像机和录像机（图 4-67、图 4-68）。

（3）Final Cut Pro。它是苹果公司

图 4-65　Premiere 图标

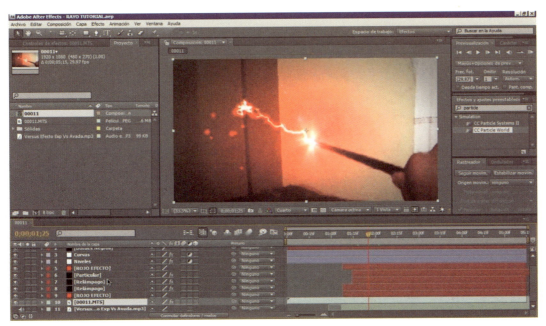

图 4-66　Premiere 操作界面

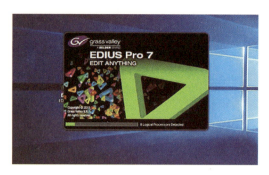
图 4-67　Edius 启动页面

图 4-68　Edius 操作界面

开发的一款专业视频非线性编辑软件，第一代 Final Cut Pro 在 1999 年推出。最新版本包含后期制作所需的一切功能。导入并组织媒体、编辑、添加效果、改善音效、颜色分级以及交付等操作都可以在该应用程序中完成。Final Cut Pro 软件中的磁性时间线拥有简洁的界面和强大的专业性工具，只在需要时才呈现出来，令剪辑变得极其流畅、灵活（图 4-69）。

2. 后期特效软件

（1）After Effects。After Effects 简称为 AE，是 Adobe 公司开发的一个视频剪辑及设计软件，是制作动态影像不可或缺的辅助工具，是视频后期合成处理的专业非线性编辑软件。After Effects 应用范围广泛，涵盖影片、电影、广告、多媒体以及网页等。时下最流行的一些电脑游戏很多都使用它进行合成制作（图 4-70）。After Effects 提供了一套完整的工具，能够高效地制作电影、录像、多媒体以及网站使用的运动图片和视觉效果，适用于从事设计和视频特技的机构，包括电视台、动画制作公司、个人后期制作工作室以及多媒体工作室。针对不同需求的人士，该软件提供 Standard、Production Bundle 两种版本。Standard 版本提供所有主要的合成控制，2D 动画及专业动画制作上的特效程序，较适合从事影视动画制作的相关人士。Production Bundle 版本加入了多种混色去背景能力，提供了高级的运动控制、变形特效、粒子特效，是专业的影视后期处理工具。

（2）Combustion。它是将基于矢量的绘画、动画系统和特技效果制作系

(a)

(b)

图 4-69　Final Cut Pro 操作界面

统合并在一起,并集取了 Discreet 业界领先的 Inferno 系统的制作特性和缓存体系结构,开发出的一个在桌面系统中创作视觉特技效果的交互式的新环境(图 4-71)。Combustion 流线形的可定制的艺术界面设计可使设计者把精力放在艺术创作中。艺术性高速缓冲存储器可实时看到效果和回放素材。所有元素以树状基本体系结构存在,并定制完善的管理通道。在生成连续图像和实时回放效果时允许 UI 操作。使用基础内存来实现满屏回放和合成。

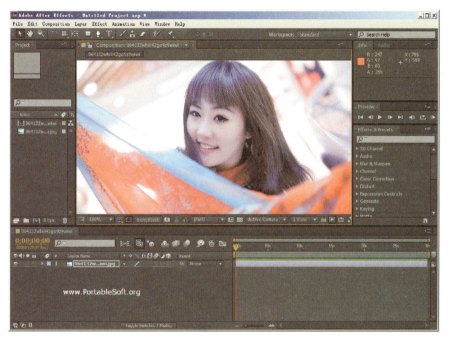

图 4-70　After Effects 操作界面

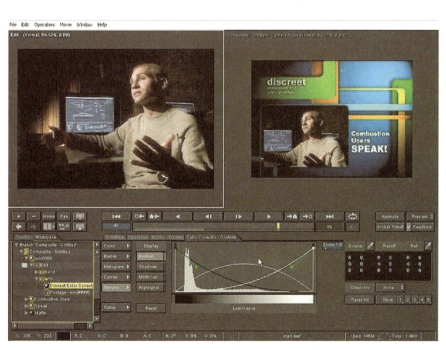

图 4-71　Combustion 操作界面

扫码见本章案例

小贴士

后期剪辑软件的主要功能

后期剪辑软件的主要功能如下。

①采集和编辑素材：拍摄完成以后，可以通过 Premiere 采集到电脑；管理素材，包括为素材命名、分类等；编辑素材，主要包括裁剪素材、缩放时间和设置播放参数等工作。

②添加转场：转场的作用主要是连接相邻的素材片段，使各种场景的转换更加自然，使影片更加流畅。

③添加字幕：大多数影视广告都需要文字，合适的文字效果可以揭示广告的主题、明确广告信息。

④添加视频特效：视频特效可以修正原始素材的某些缺陷，为画面添加各种艺术效果。

⑤合成声音：为场景画面添加合适的背景音乐、旁白、各种音效等，在现场拍摄时录制的声音往往也需要做出调整。

⑥渲染输出：编辑的最终目的就是制作影视广告片成品，这就需要根据实际要求输出合适的视频文件，包括设置视频输出的格式、质量和压缩编码等工作。

本 / 章 / 小 / 结

影视广告要想呈现出令人惊艳的效果就需要一定的技巧。本章根据影视广告摄影的景别、构图形式、拍摄和后期制作等问题进行了十分详细的讲解，以提升读者影视广告制作的实践操作能力，加深读者对影视广告拍摄的理解。读者可以运用手机摄像功能拍摄几段短视频，感受影视广告拍摄的过程，体验影视广告的画面效果。

思考与练习

1. 举例说明不同景别的作用。

2. 运动拍摄的形式有哪些?

3. 影视广告的构图方式可分为哪几大类?

4. 广告的后期制作有哪些流程?作用是什么?

5. 请举例说明剪辑方式在影视广告拍摄中的作用。

6. 广告特效在影视广告中的重要性如何?广告特效的作用是什么?

7. 请结合好的影视广告,对其制作工艺进行专业化分析。

第五章
影视广告灯光制作

学习难度：★★★☆☆

重点概念：布光方法、制作技巧、内景、外景

章节导读

布光是影视广告拍摄的重要环节，布光能够有效表现被摄对象的闪光点。布光光源既能够照亮被摄物的表面，营造氛围，又能够让被摄物融入特定的环境。不同的光源能够表现不同的效果。在影视广告布光会运用各种光源。光源可分为自然光源和人工光源。光源的冷暖性结合被摄物的设计主题，能够将广告的效果发挥得更好（图5-1）。

图 5-1　影视广告的灯光

第一节
布 光 方 法

在进行影视广告制作拍摄时，现场工作人员要对现场的灯光进行补充与调试，实现良好的拍摄效果。灯光效果由灯光师负责，布光是现场拍摄顺利完成的重要保障。布光又可分为普通照明法、三点布光法、全面布光法、静态布光法、动态布光法（图5-2）。

一、普通照明法

普通照明法是利用散射光、反射光均匀地照亮整个拍摄场景，形成全景照明所需要的基础光照的照明方法。这种光线效果类似在自然光阴天条件下的拍摄效果。在高散光漫射照明下，光线遍布场景中每一部分，但又不会形成特定的方向性。各个方向的照明亮度相同，

图 5-2　布光关系图

图 5-3 普通照明法拍摄

图 5-4 布光方式

物体的阴影互相抵消,立体感差(图5-3)。

普通照明法在现代摄影摄像上应用广泛,摄像机拍摄能够在较低的基础光照下拍摄出理想的画面,柔和均匀的散射光照明更能适应电视拍摄的动态变化和场面调度。

在灯具的选择上,可使用几个反射镜聚光灯把光线反射到天花板或墙壁上,或以纤维反射器代替聚光灯,或者使用柔光罩、反光伞、反射板等分散光束,以普遍均匀的漫射光代替传统的布光方式(图5-4)。

二、三点布光法

点布光法是指在场景中一个基本位置摆放灯具,实现对场景的照明。这三个点上灯具按其作用分别称为主光、辅助光和轮廓光(表5-1)。

表 5-1 三点布光法

名称	别名	布 光 方 法
第一点光线	主光	规定方向、角度、范围、照明光轴与照射角,主要起造型和确定光影格调的作用
第二点光线	辅助光	辅助照射主光未照明的区域,并可通过它来调整光比,柔化主光形成的阴影
第三点光线	轮廓光	主光、辅助光布光完成后,需要把物体与环境隔开,产生一种深度与层次

在三点光线的共同合作下,完成了三维物体与空间在二维图像中的立体造型,这就是三点布光法(图5-5)。

1. 主光

三点布光的主要光源称为主光。主光显示被拍摄主体的基本形态,如物体的空间大小和表面的质感。主光产生明显的阴影和反差。因此主光决定了场景中的主要造型效果,决定了摄影机的光圈大小与其他灯具的摆放位置,这些都要参照主光的位置和强度进行调节。主光摆在被拍摄体前面的斜上方,这样产生的视觉效果更符合人们的视觉习惯。

摄影机与被拍摄主体形成了一条轴

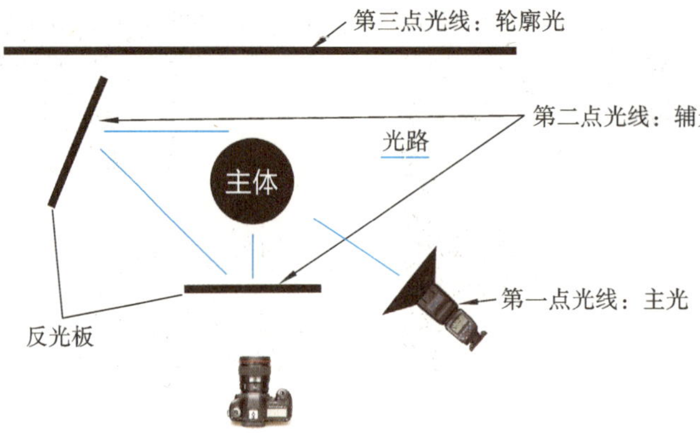

图 5-5 三点布光法拍摄

线，主光束与这条轴线在水平面上的角度越小，灯具越接近被拍摄体的正前方，被拍摄主体的形象就越平淡，立体感越差。如果增大主光束与这条轴线在水平线上的角度，灯具远离摄像机，这样会产生较多的阴影，增加造型效果，但是也可能会使被拍摄的人物显得比实际年龄大。如果主光束与这条轴线所在的水平面在垂直方向的角度变大，造型效果增强，人物的眼睛、鼻和嘴的下方出现阴影，也会使人物显老。如果减小光束与轴线所在水平面的角度，造型能力则会减弱。如果光束位于这个水平面的下方，人物的眼睛、鼻和嘴的上方会产生阴影，营造出古怪的效果（图5-6）。

在灯具选择上，一般会选择菲涅尔镜聚光灯作为主灯光（图5-7）。因为这种聚光灯的造型效果好，光束分布调整灵活。如果用散光灯作为主灯光，可以形成一定的中间影调，反差较小，造型效果也较差。

2. 辅助光

辅助光是用来补充阴影部分的光照，以减弱主光造成的阴影效果，所以辅助光应架在与主光相对的摄影机的另一侧。辅助光和摄影机与主体所在轴线形成的夹角可以在45°之内。因为辅助光是为了冲淡阴影，所以常用柔和的散光灯。

主光确定后，辅助光就成了场景反差的决定性因素。主光与辅助光的强度比

图 5-6 摄影机与被拍摄主体

图 5-7 主光菲涅尔镜聚光灯的位置

小贴士

菲涅尔镜聚光灯

菲涅尔镜聚光灯广泛应用于电影摄影照明。这种聚光灯的光学系统由菲涅尔透镜（习称螺纹透镜）和球面反光镜组成。角度范围为 15°～60°。光源的发光体中心位于球面反射镜的球心位置，通过调焦机构，使光源联同反光镜沿着菲涅尔透镜的光轴方向前后移动，即可得到角度大小连续变化的光束。菲涅尔透镜的非螺纹面上，通常压有各种花样"龟纹"或"蜂窝"，使光线适当地散射，使照明效果柔和均匀，且在被照射的光场中，无明显的边界，便于接光。目前，绝大部分电影摄影照明使用的菲涅尔透镜聚光灯都采用卤钨灯作光源，根据光源功率的不同形成了从 200 W～20 kW 的系列化灯具。

例越大，反差越大，画面阴影就越明显，物体立体感越强，形成"低调"照明；主光与辅助光的强度比例越小，反差越小，画面阴影变得淡薄，立体感会减弱，形成"高调"照明。如果辅助光与主光亮度差不多，阴影就会消失，画面平淡，完全没有立体感。

3. 轮廓光

轮廓光也称为逆光。轮廓光是用于突出被拍摄主体的轮廓，这样就把被拍摄主体与背景区分开了，达到增强纵深感的效果，所以，轮廓光的位置设在被拍摄主体的后方。轮廓光灯具不能直接进入摄影机镜头，位置必须足够高。但是，轮廓光也不能垂直照在人物的头顶，轮廓光束的俯角一般在 45°～55°。

轮廓光要照亮人物主体的头部和肩膀来增加造型效果，增加画面深度，所以拍摄时通常用菲涅尔镜聚光灯作为轮廓光，这时应把灯光调节到泛光，以产生柔和的光线。为了突出主体的造型，轮廓光强度通常不能低于主光的强度。

主光、辅助光和轮廓光的三角形位置安排工作在摄影中向来被认为是一种规范的布光模式，但它通常只适用于单机拍摄的情况。如果使用多机拍摄较大的场面，并且在拍摄中需要变换角度，灯具的位置就要随时作出相应的调整和变化。

三、全面布光法

全面布光是三点布光方法的延伸。利用主光、辅助光和轮廓光确立了最基本的照明方式，被拍摄主体获得基本的光照。如果想要得到更全面、更理想的照明效果，还需要使用更多的辅助光源。其中包括背景光以及适应各种局部照明需要的

> **小贴士**
>
> **主光、辅助光和轮廓光的光比设置**
>
> 主光与辅助光一般以 1∶0.5 的比例为标准，主光与轮廓光一般以 1∶1.8 至 1∶1.5 的比例为标准，即以主光为强度基准，辅助光的强度是主光强度的一半，轮廓光强度是主光的 1.5～1.8 倍。如果主光太暗或辅助光过亮，画面造型效果就会减弱。而轮廓光过弱的话，主体与背景无法分离，画面缺少立体感和纵深感。当然，在实际拍摄中，应根据取景器显示的实际情况和画面的实际需要灵活运用各种灯光，使三光照明达到一种平衡的关系。

装饰光、侧光、眼神光等（图5-8）。

1. 背景光

背景光是用来为被拍摄体的背景照明，能够增加画面的纵深感，使背景显得真实自然，打造出背景形象。其次，背景光能够概括主体与环境，向观众展示拍摄的基调与画面的协调。例如，阴暗的背景给人深沉抑郁的感觉，而明亮的背景给人轻松愉悦的感觉（图5-9、图5-10）。

如果想要使整个背景均匀照明，可以用散光灯作为背景光；如果只想对背景局部照明，可用聚光灯作为背景光，这样可以使背景产生一定的明暗层次感。背景光的强度一般控制在主光强度的 1/2～3/4 之间，因为过亮的背景光会影响前景中被拍摄主体的相对亮度，而太暗的背景光又达不到照亮背景的目的。

2. 装饰光

装饰光又称润饰光，是用来对某一

图5-8　全面布光法

图5-9　阴暗背景

图5-10　明亮背景

图 5-11　头发光

图 5-12　服装光

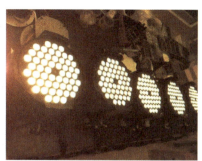
图 5-13　道具光

局部位置进行照明的光线。例如，用来照亮头发，以表现头发的质感的光线称为头发光（图 5-11）。在拍摄洗发水广告时，这种装饰光是必不可少的。用于照明服装，以表现服装的特点的光线称为服装光（图 5-12）。用于照明道具，表现道具特点的光线称为道具光（图 5-13）。

装饰光能减弱从主光到辅助光过渡之间局部细节的生硬反差，增加画面的中间影调，对光线的整体效果起润色、调节作用。装饰光适宜使用发出小光束的聚光灯，光束的分布要根据修饰的范围调节，以避免光束干扰其他光线照明效果。

3. 侧光

侧光的作用和轮廓光相似，主要用来照亮被拍摄体的侧面，以达到补充辅助光、突出细节部位的目的。所以，侧光通常摆放在和主光相对的侧后方。侧光的强度不要太大，以避免产生明显阴影。侧光常用来突出舞蹈演员的身体立体感。

4. 眼神光

拍摄人物近景时，用眼神光可使人物的眼睛在画面中产生光点。眼神光能刻画出人物的神态特征，增加传神效果。特制的眼神光是由一种发光功率小、光线柔而且照射面积大的灯具产生的。在进行人物的近景拍摄时，把眼神光摆放在摄像机附近位置，就可以减少眼窝周围的阴影。如果进行运动拍摄，有时会适当调节主光的位置，使其作为主光的同时充当眼神光（图 5-14）。

(a)

(b)

图 5-14　眼神光

(a) （b）

图 5-15 静态人物布光

四、静态布光法

静态布光法（图 5-15）是指人物处于静止状态，人物面向副光，其前侧光为主光，人物背后为逆光，属于写意布光艺术，一般人物的另一侧还要加一道修饰光，但此光并没有名称，它不属三点光范畴，只是起到修补的作用。这种布光拍摄方式用于影视广告中主持人的拍摄。

静态布光法布置要点如下。

①摄像机、辅助光、人物、逆光位于同一垂直平面。

②主光与人物角度一般呈45°角，但要视人物脸型胖瘦适当调节角度（脸胖则角度大，脸瘦则角度小）。

③轮廓光、主光、辅助光三点光相应光比均为二比一，即轮廓光与主光光比、主光与辅助光光比、辅助光与背景光光比皆为二比一。

④修饰光并非限用一盏，可根据人物脸形的缺陷情况需要任意加灯进行修补。但要严格控制亮度与注意遮挡，此光以不出现鼻影为最佳修饰光照度。

⑤辅助光不宜过高，轮廓光不易过前。轮廓光以人物轮廓和两肩平行线条与头发光适中为好。辅助光以调节光比、协调脸部层次、凸显眼神光为主。

五、动态布光法

镜头里的人物在拍摄区内处于运动的状态就需要采用动态布光法（图 5-16），相对于静态布光法，动态布光法对摄影师的要求更高。因为模特始终处于运动状态，摄影师要跟着模特的运动轨迹拍摄，对光线的要求也更多。

在拍摄大型影视广告时，首先会对摄影机的运动路线、拍摄角度、模特走位、灯具位置等作出明确的范围标识。事先调试好灯具灯光，拍摄时再精确调整灯光。其次，需要考虑在演区范围内，无论人物走到演区任何位置、任何角度、任何方向都有光线的照射。

在拍摄运动镜头（图 5-17）时，可以运用三点布光法的形式，将三个光源作出相应的调整，满足模特多造型、多机位、多角度的用光需求。这种情况也可以运用普遍照明法达到基本照明的目的，也就是利用柔和的散射光照亮整个拍摄场景。各个方向的照明亮度相同，物体的阴影不明显。所以，演员在这个场景中任意走动都

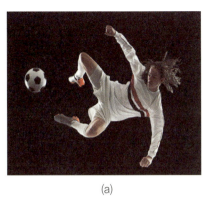  

(a)   (b)   (c)

图 5-16 动态布光法

可以得到一样的光照，不会产生画面时亮时暗的问题。但是，这样的光线造型效果差，画面显得平实单调。

运动拍摄在布光时要特别小心，避免造成不必要的阴影。例如，画面中人物有多个影子，灯架或传声器的吊杆在画面中留下影子等。消除影子的方法有调节光照强度，变换吊杆位置，改变光束分布，适当遮光等。

(a)   (b)

图 5-17 运动镜头

小贴士

布光的作用

布光在影视广告拍摄中非常重要，主要有以下作用。

①曝光及记录作用。

照明使广告拍摄获得准确的曝光量，在造型上能反映被摄对象的立体感、大小、质感、层次、轮廓和美感。

②构筑重点。

利用人的趋光性，用光照将受众的注意力导向特定的位置，突出重点，按照广告的创意要求呈现被摄主体对象的艺术效果。

③构图作用。

照明可以建立起画面物体间的联系，产生的明暗效果可以突出主体，掩盖次要部分。合理地运用光照产生的投影，可以丰富画面构图，平衡画面效果，使构图具有形式上的美感。

④构成环境气氛。

影视广告拍摄是在特定的环境、时间和地点中进行的。光的形态本身就是一种环境，因此运用不同的光照效果，营造出特定的环境气氛进行抒情、表意是影视广告创作常用的方法。

第二节
灯光制作技巧

影视广告的拍摄有外景场地拍摄和内景用光拍摄两种，又可分为日景拍摄与夜景拍摄。因此，拍摄时对光线的运用十分细致，要让每一个拍摄角度都有最好的表现力。

一、外景灯光制作

影视广告的外景拍摄是指在人工棚外的自然光条件下的拍摄，太阳光是唯一的光源。太阳光具有各种不同的光照效果，其中一些并不能完全满足广告拍摄时的创作要求，因此需要灯光师借助光照器材对自然光进行一定的技术处理，以便使光线符合拍摄要求。

1. 自然光的主要特征

自然界的阳光有直射光、散射光、反射光三种形态。在外景拍摄中，阳光下所有的景物的光照情况都由上述三种形态的光线构成。真实再现三种自然光的形态，可以增加光效和自然真实感。

室外日景是外景拍摄中的主要内容。日景拍摄时，天气和拍摄时间很重要。多云或阴天时，光线以散射光为主，光照质感比较柔和，可供拍摄的时间较长，但由于光线缺乏方向性，会使画面背景缺乏深度和层次，容易出现人物面部光线不足等问题。应选择逆光或侧逆光、侧光方位拍摄，这样人物轮廓清晰，背景景物层次也较丰富。日景拍摄时的照明工作主要是两个方面：补光和遮光。

2. 补光与遮光

一般来说日景拍摄时补光的手段有两种：一种是用高色温灯具进行补光，另一种是由工作人员用反光材料将自然光线反射到需要补光的部位（图5-18）。相

图 5-18　补光

图 5-19　遮光

对而言，遮光（图 5-19）是用有一定透光性的白色纱布或塑料布绷紧覆盖在框架上制作成遮光工具。在拍摄时将布框架放在阳光入射的方向上，减弱入射阳光的强度，可以达到平衡画面光比的效果。

3. 布光技巧

在晴天进行外景拍摄时，主要光源是太阳光，人工光源只起到辅助作用。人工光源的运用一般采用两种方法：一种是传统照明法，另一种是自然光效法。传统照明法主要是利用人工光调节阴影部分的亮度，使之与受光面有适当的光比；而自然光效法比较注重光的自然真实性，多采用真实的光线处理方法。自然光效法能有效利用人工光，注重光与色、光与影的调和，可以按照自然光的逻辑规律，对光效适当加强和突出。拍摄时根据光线角度不同，可分为顺光拍摄、侧光拍摄和逆光拍摄。

（1）顺光拍摄。日光在摄像机的后方，光线与摄像机的方向处于同一方向，从而拍摄出顺光的效果。这种情况下拍摄景物光照均匀，画面亮度高，可以适当遮挡，增强空间感（图 5-20）。

（2）侧光拍摄。侧光是来自景物左侧或右侧的光线，又分为斜侧光和正侧光。在斜侧光条件下，被拍摄主体的背光面较小，不用人工光就可以拍摄。如有需要，也可采用人工光在机位方向进行辅助光照，用以调和阴影部分的光

(a)

(b)

图 5-20　顺光拍摄

图 5-21 侧光

图 5-22 正侧光

比，使画面获得柔和细腻的效果（图5-21）。正侧光下影子修长而富有表现力，表面结构十分明显，每一个凸起处都会产生明显的影子（图5-22）。传统的布光法会采用对背光面进行人工光照处理的方法，而自然光效法会根据所需要获得的画面效果进行处理。如画面效果需要较大光比，则不加入人工光照；如画面效果需要柔和影调，则在背光面进行人工光加工。

（3）逆光拍摄。逆光拍摄时，被摄人物全部处于背光状态下，给人一种画面昏暗的感觉。画面中会出现明显的光照边缘，形成不协调的明暗感（图5-23）。在影视广告中，一般尽量避免逆光拍摄，当然也有一些广告创意需要逆光拍摄的效果，可以使用人工光加工。一般会使用较强的人工光打在主体物上，改善主体画面光照效果，同时还可以对太阳光进行柔光遮挡，以获得满意的拍摄效果。

二、内景灯光制作

内景照明主要是指在室内或摄影棚内，用人工光线对场景、人物等进行光线造型。摄影棚是影视广告创作的重要场所，摄影棚内无阳光照射，环境黑暗，所有光线效果都利用照明器材模拟出来，因此利用人工光效是摄影棚光线的主要处理方法。

1. 内景照明设备分类

外景照明的主要光源是太阳，而内

(a)   (b)

图 5-23 逆光拍摄

> **小贴士**
>
> **人工光源在拍摄外景时的作用**
>
> 人工光源在拍摄外景时的作用如下。
>
> ①对画面局部进行调整修饰。当自然光的整体效果尚可,个别局部光照不足时,就需要利用人工光源进行局部调整和修饰。当拍摄人物近景和特写时,利用人工光照对人物面部进行造型修饰,这样可以实现理想的画面拍摄效果。
>
> ②平衡景物光比。自然光的亮度范围很大,虽然数码摄像设备不断更新,但还是无法完全容纳景物的亮度范围,因此在拍摄过程中需要做好光照亮度范围的平衡工作:例如天空与地面间的景物亮度平衡,人物之间的亮度平衡,被拍摄主体受光面与背光面的亮度平衡等。
>
> ③调整画面的色彩。为了满足广告创意需要,在拍摄过程中往往还要用色光对景物进行加工处理,以加强对画面色调的控制。
>
> ④外景光线照明处理。在影视广告的制作中选择实地外景拍摄可以节省搭景时间及财力、物力。外景拍摄有日景和夜景之分,夜景又有白天拍摄和晚上拍摄的分别。

景照明的光源则是各种不同类型的灯具。内景照明设备可以分为基础照明、道具照明和造型照明。

内景照明所使用的电光源主要是卤钨白炽灯、氙弧灯和汞弧灯,而灯具外玻璃又分为石英玻璃和硬质玻璃两种。棚内灯具和外景灯具大致一样,一般分为回光灯、散光灯和聚光灯三大系列。

2. 内景照明布光方法

摄影棚内布光一般为多光源照明,容易造成多种投影、余光、暗光等问题。不同光源相互影响,光的控制难度大。棚内拍摄时布光应满足以下几个条件:保障足够的照明强度,表演区景物布光应该均匀,根据客观场景模拟设置恒定的色温。

3. 日景布光

日景布光分为以下三种类型。

(1)阳光充足的日景。用聚光灯模拟太阳光照射景物,这种方式比较简单,重点在于根据时间来把握光照强度,如图5-24(a)所示。

(2)没有阳光直射的日景。采用聚光灯照射白色反光板产生柔和的散射光并通过窗子照亮景物,也可以在聚光灯前加柔光布或柔光纸,直接模拟天空散射光。

(a) 阳光充足的日景　　(b) 没有阳光直射的日景

图 5-24　日景布光

灯位也有两个：一个放在窗外天空方向上，另一个放在布景窗子上方的灯板上，如图5-24（b）所示。

（3）黄昏和清晨的日景。黄昏和清晨的用光方法与前者基本相同，只是主光的色度有所不同。日景用白光作为主光，而黄昏和清晨的主光色温较低，以红黄色的散射光作为主光。窗子投在墙面的光影位置要稍高些。

4. 夜景布光

夜景布光分为无人工光源和有人工光源的效果处理两种。

（1）无人工光源的夜景光线效果处理。利用布景中的底子光，使画面各部分景物得到最低度的照明，获得隐隐约约的影像。利用摄影机旁的副光照明，使景物呈黑暗的朦胧影像。靠近镜头的景物较清晰，远处景物则模糊不清，具有较强的真实感。此方法多用于拍摄人物的中景和近景拍摄，如图5-25（a）所示。

（2）有人工光源的夜景光线效果处理。夜晚室内光源是多种多样的，有电灯、油灯、烛光、炉火等。每类灯光又有多种形式，如电灯有蓝色的日光灯、白色的白炽灯、各种彩色的灯伞灯泡，还有吊灯、台灯和落地灯。布光时一定要找到其中的光源依据，根据光源的形式、色调等特点进行布光，如图5-25（b）所示。

扫码见本章案例

(a) 无人工光源的夜景　　(b) 有人工光源的夜景

图 5-25　夜景布光

本 / 章 / 小 / 结

本章结合影视广告制作的流程，系统化地讲述了影视广告制作对灯光的要求，无论是外景还是内景，日景还是夜景，灯光对影视广告的影响都不容小觑。对于观众来说，不同的光影效果带来不同的视觉感受。对于摄影师来说，光线对拍摄效果起到制约作用。因此，影视广告制作时可以尝试在室内设置多种灯具来演练布光效果。

思考与练习

1. 广告的布光方法可分为哪几类？

2. 普通照明一般使用哪些道具？

3. 三点布光法的布光原理是什么？

4. 外景灯光制作的技巧是什么？

5. 日景布光有哪些形式？

6. 夜景布光需要注意哪些问题？

7. 背景光、装饰光、侧光对广告拍摄有哪些影响？

8. 静态布光法与动态布光法各自的优势是什么？

9. 以一则优秀的影视广告作品为例，对其灯光制作进行专业化的分析。

10. 利用现有设备器材，在室内模拟一件产品的内景灯光布置。

第六章
影视广告声音设计与制作

学习难度：★★★★☆

重点概念：概念、形式、设计、制作

章节导读

声音是影视广告的重要环节，没有声音的广告就像无声电影。电影时长较长，有足够的时间让观众去观看和理解；广告的时长较短，容不得观众慢慢去猜测。声音能够让整个影视广告变得生动有趣，根据广告量身制作的音乐，符合品牌个性，熟悉的旋律能够让消费者对品牌加深记忆（图6-1）。

图6-1 影视广告的声音

第一节
广告声音设计

声音是现代影视广告表现形式中重要的组成部分，更是影视广告中不可缺少的一部分。它与视觉画面一起共同构筑银幕空间，推动叙事，完成艺术形象的塑造。现如今，声音在影视广告中已经有着与画面同等重要的地位了，有时甚至还会超越影视画面，成为影视广告中必不可缺的元素。

影视广告中的声音往往凝结着影片要表达的思想和情感。首先，选择与广告相协调的音乐，才能让观众产生共鸣，让广告更具有精神文明。其次，以音乐表现广告，曲调要符合品牌个性，要根据诉求对象进行创作。旋律要优美，能够在短时间内给观众留下良好的印象。

一、声画同步设计

声画同步又称为声画合一，是指声音的听觉形象与画面的视觉形象紧密结合，也是观众对影视广告作品最自然的要求，是重现现实生活的重要方式。这种声画形式符合人的视听心理，无论是在情绪上还是节奏上，都是基本一致或完全吻合的。

当人们看到广告中人物的嘴巴在动时，就希望听到说话的声音；看到画面上溪水在向下流动，就希望听到水流的声音。没有这些同步的声音，画面就缺少了真实感，削弱了感染力。这里的声音强调画面所提供的视觉内容，起着烘托渲染画面的环境气氛以及解说画面作用。

1. 语言与画面同步

影视广告中的人物对白是声画同步的一种形式。它有很强的表现力，能明确地表现出人物相互之间的身份关系以及相互之间的情感关系，能表现出人物自身的思想、观念或感受等。

这种声画同步所具有的真实感比任何其他形式都更有力，更使人信服。旁白解说声都是以画外音的形式出现，也是声画同步的一种形式。旁白既能以第一人称自述的形式出现，表现出一种抒情浪漫的风格，也能以第三人称的形式出现，起到介绍剧情、表达编导者主观态度的作用。

在影视广告专题片中，解说声是应用得最多的（图6-2）。这类影视广告所表现的思想主要是靠解说来表达，解说要与画面形象有机结合，融为一体。解说的节奏、速度、语调应随画面的节奏、速度、景别的变化而变化，与影片的内容风格同步统一。

2. 音响与画面同步

音响在影视广告中多以同步的形式出现，加强画面的真实感。在大多数影视广告中都有音响的运用，对环境气氛的烘托起着重要作用。

3. 音乐与画面同步

音画同步是指音乐的听觉形象与画面的视觉形象是一致的，音乐在情绪、气氛和内容上与画面统一，并进一步烘托和渲染画面气氛，强化画面内容。如为欢乐、喜庆的画面配置欢快、活跃的音乐；为痛苦悲伤的场面配置低沉哀伤的旋律；为繁华的大都市配置现代气息的乐曲；为幽静美丽的田园景色配置抒情优美的旋律。

在影视广告中，音画同步的形式最为多见，这是由于音乐本身的特性，即抒情性、民族性、时代性、概括性等特点，因此声画同步在影视艺术中可以大显身手（图6-3）。

二、声画对位设计

"对位"一词原是音乐术语，是复调音乐的最主要形式。它将节奏、调性、和声等几个各具独立性的旋律有机地结合在一起，合成的音乐作品具有更丰富、更具深刻的表现力。

声画对位是编导出于一种特定的艺术目的，有意识地造成声音和画面之间在情绪、气氛、节奏、格调等方面的对立、反差，从而产生新的含义或蕴含潜台词，通过观众联想，达到对比、象征、比喻等效果，产生某种声画自身原来不具备的新的寓意，以便更深刻地表达影视广告的内容。

在影视广告上，将镜头画面与声音对位，按照各自的规律表达内容，以不同的

> 声画对位是一种声画结合的蒙太奇技巧，能产生两者原来不具备的新寓意，给人独特的审美享受。

图6-2 解说

图 6-3　声画同步

内在节奏从不同角度来说明声画的含义。

1. 声画并行

声画并行是指声音的听觉形象和画面的视觉形象是分离的。声音不具体追随或解释画面内容，也不与画面处于对立状态，而是以自身独特的表现方式从整体上提示影片的思想内容和人物的情绪状态，在听觉上为观众提供更多的联想空间，从而扩大影片同一时间段的内容容量。

在影视广告专题片中，声音和画面常常采用声画并行的方式，因为这类广告不像故事片那样有完整的情节，而是以一些非情节性的画面和资料画面组合起来的。虽然声音要与画面的情绪、气氛吻合，但不是随着画面的切换而转换的，而是一段画面配以一段情绪大致吻合的音乐，声画关系呈并列形式（图 6-4）。

2. 声画对立

声画对立是指广告中声音的听觉形象与画面的视觉内容完全相反：画面表现的是欢天喜地的喜庆气氛，而声音表现的则是深沉悲哀的忧伤格调；画面上是丑陋的场面，声音却是优美动听的旋律。这种特殊的声画关系造成极大的视听反差，给观众以强烈的震撼，从而取得特殊的艺术效果。声画对立在一般产品广告中通常运用较少，在公益广告中偶尔会使用。

图 6-4　声画并行

第二节
广告声音制作

一、录音与配音

一般情况下，声音的空间环境效果信息可以包含在拾取的声信号中，也可以通过对声信号处理实现，也就是采用同期录音或后期配音，以重现声音在空间环境中的信息。同期录音的任务是要拾取同期声语言和环境音响，以及动效或有源音乐，它最显著的好处在于观众可以获得真实自然的空间感、环境感（图6-5、图6-6）。

同期录音有真实、自然的优点，但也有受声场条件、拍摄环境、拍摄方法、设备等的制约，同时录制难度大，周期相对长，而后期配音可以录制、制作同期录音由于条件限制而无法拾取的声音信号，可以方便有效地隔离背景噪声，可以获得清晰、干净的音质，而且制作简单、成本较低，这些都是后期配音的优点。但是，后期配音失去了生动真实的自然环境音响和特定环境的空间感。

后期配音是通过一定设备，主要是时间处理设备（延时器和混响器）和频率处理设备（均衡器），对声音进行调整与控制，实现对声音空间环境信息的再创造，从而获得各种不同的声音空间环境效果。此外，各种信号处理设备也可以对声音进行一定程度的调控。

后期配音的工作包括语言的拾取、动效的拟音制作以及环境音响的处理。即使是在声音设计阶段已经确定了采用后期

图6-5　录音棚

图6-6 录音

配音，在拍摄期间也要尽可能录制现场同期声，以便作为后期配音的参考。

影视广告中，一般采用后期配音。主要原因是后期配音条件可以控制，可以得到较为理想的声音效果。影视广告时间短，在影视广告专题片中，通常先录音或确定音乐，再拍摄画面。

二、声音制作方法

1. 扩充法

扩充法是指一段音乐的时间长度小于画面的实际时间长度，也就是人们常说的音乐短了。在这种情况下，既可以用音乐整段或局部反复扩充的方法，也可以根据音乐的曲式结构扩充部分音符、乐句、乐段，使音乐与画面在时间长度上达到一致。在扩充时，重叠相接中的重复乐句，必须旋律相同，配器相同或相近，速度一致。在半终止或全终止处应无明显的渐慢，以免给人一种完全结束的感觉。

2. 压缩法

由于画面的需要，要将音乐的时长压缩，也就是人们常说的音乐时间长了。这就需要采用压缩的方法，使音乐时间缩短一点。

3. 组合法

在配乐过程中，有时找不到与画面吻合的乐曲，常常需要从多段音乐中寻找相同的因素集中起来，创造一段新的音乐，使音乐获得新的表现意义，这就是组合法。

4. 衔接法

（1）音中衔接。音乐与画面段落间同起同止的关系，常常有因处理不当而少一秒嫌短、多一秒嫌长的感觉。根据这种情况，可以使用淡入淡出的手法，把音乐隐藏在解说或音响后面，由微弱的音量推到正常音量，或由正常的音量拉到最弱的音量，而使音乐与画面在时值上保持一致。但需特别注意渐隐与渐显之中的音量控制要自然流畅，衔接无痕迹，切不可突隐突现，要让声音在情绪、气氛与形象上达到协调。

（2）停顿衔接。两段乐曲衔接处，可停顿片刻，不必马上接上，但要注意轻起轻落，这样选择乐曲较为自由。

（3）中途衔接。在画面长于音乐或音乐长于画面时，可在一首乐曲的中途进行衔接。衔接时要注意乐曲的规律，找出乐曲中前后呼应并有联系的音节作为衔接点。接点处前后音量要基本相同，处理得当，可使乐曲仍然流畅自如。此种手法应根据画面时间的长短延长或删减音乐。

（4）段落衔接。在影视片内容的分段处、情绪的转换处或解说的停顿处进行音乐衔接。两段乐曲的衔接时应在乐曲自然段落的终止处，而不要在乐曲的段落中间，要力求做到过渡自然。音乐的衔接点要轻起轻落，不要给人以突变的感觉。

（5）交叉衔接。在前一段音乐或音响效果声还未完全消失处就渐入后一段音乐。这种方法可以比较方便地将两段不同的乐曲进行衔接。但两段音乐的节奏反差不要太大，否则两者之间无法形成一个整体的广告片。

三、数字音频制作

1.MIDI 技术

MIDI(musical instrument digital interface，乐器数字接口) 是 20 世纪 80 年代初为解决电声乐器之间的通信问题而提出的一种技术手段（图 6-7）。在音频技术数字化的今天，MIDI 技术已渗透到作曲、录音、影视后期制作、舞台美术灯光、电化教育和多媒体等中，其中应用最广泛的是录音行业。

主流 MIDI 制作软件有如下几种。

（1）Sonar，是在电脑上创作声音和音乐的专业工具软件，专为音乐家、作曲家、编曲者、音频和制作工程师、多媒体和游戏开发者以及录音工程师而设计

(a)

(b)

图 6-7 MIDI 控制器

的。

（2）Cubase，是集音乐创作、音乐制作、音频录音、音频混音于一身的工作站软件系统，是由德国 Steinberg 公司推出的；Cute MIDI 简谱作曲家，是一款功能强大的 MIDI 音乐制作软件和音乐编辑软件。

（3）乐音 Eyeson，是国产音乐类软件。它具备作曲软件、打谱软件、音乐创作软件、音乐教学软件、音乐排版出书软件、MIDI 编辑软件、自动配器软件和电子琴软件八大功能。

2. 数字音频编辑技术

数字音频工作站（digital audio workstation）是用来处理、交换音频信息的计算机系统。其主要编辑软件为 Samplitude，是由音频软件业界德国著名公司 MAGIX 出品的数字音频工作站软件，用以实现数字化的音频制作。

MAGIX 公司著名的 Samplitude 一直是国内用户范围最广、备受好评的专业级音乐制作软件，它集音频录音、MIDI 制作、缩混、母带处理于一身，功能强大全面。

专业音频编辑软件除了 Samplitude，还有 Sound Forge、Nuendo、Vegas、Adobe Audition 等。Nuendo 是德国 Steinberg 公司推出的一套软硬件结合的专业多轨录音／混音系统，它的 VST 数字音频处理技术和 ASIO 音频数据流构架目前正得到越来越多厂家的认可与支持。

Adobe Audition 既具有专业音频处理软件的全方位功能，又比其他专业软件更容易掌握。它拥有强大的音频文件裁剪、编辑、录制、混音、音效制作功能，给用户提供了一系列灵活、强大的工具，可以充分满足个人录制工作室的需要。

扫码见本章案例

本/章/小/结

本章通过对影视广告中声音的设计与制作，将影视广告的声音设计、声音制作及常用软件进行了较为细致的讲述，分析其中的制作技艺与制作形式。声音制作主要在于软件音效和剪辑，声音制作与编辑能够在影视广告后期制作中解决很多难题，给影视广告增添效果。

思考与练习

1. 声画同步设计的主要内容是什么?

2. 声画对位设计与声画同步有何异同点?

3. 广告声音制作的形式有哪些?

4. 声音制作方法可分为哪几类?

5. 数字音频制作的常用软件有哪些?

6. MIDI 技术作为声音制作常用软件有哪些优势与弊端?

7. 以某广告片为例,赏析其声音的制作手法与流程。

第七章
影视广告制作案例分析

学习难度：★★★★★

重点概念：时尚、创新、定位、拍摄、适用人群

章节导读

如今，影视广告已经成为了人们生活中不可或缺的一部分。无论是在家中，还是在公司或商场，影视广告总是在不经意间出现，吸引我们的目光。从消费者角度而言，影视广告为消费者提供了解商品的渠道，让消费者有了更多的选择。从企业的角度而言，这种方式能够让更多人了解企业的产品，收获口碑，这也是一种新的营销模式。从广告商的角度而言，相对于传统的广告牌、广告灯箱，影视广告正在不断更新升级，设计出更多符合消费者需求的作品（图7-1）。

图 7-1　影视广告

第一节　彩妆广告

一、迪奥

迪奥是法国著名时尚消费品牌，它一直是华丽与高雅的代名词。不论是时装、化妆品，还是其他产品，迪奥产品拥有广泛的受众。彩妆作为迪奥的板块业务，在彩妆界占据一席之地，受众多女性欢迎。彩妆赋予了人们更多的个人魅力。迪奥产品的风格是彩色缤纷的，具有高效的护肤工艺，也很有设计感，因此在全球香水和化妆品市场占有重要的地位。迪奥的主题产品主要有女性香水、男性香水、彩妆和护肤保养品，为爱美人士提供了丰富的产品。

在图 7-2 中，选择与产品色彩相近的底色，减少背景色给产品带来的冲击力，能够有效缓解视觉上的色彩疲劳。奢侈品

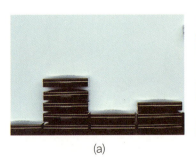

(a)

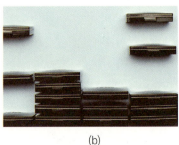

(b)

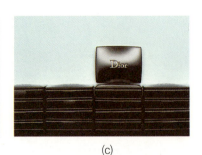

(c)

图 7-2　背景色

的风格一般以简洁高贵为主,色彩只作为陪衬即可,以突出产品为主。图 7-3 辅助光从不同方面呈现产品的质地和观感。图 7-4 动态拍摄多角度展现产品以吸引顾客。

在图 7-5 中,由于需要不停地变化拍摄的角度与拍摄产品数量,在布光上需要花费更多的精力,以确保拍摄的每一个角度都能达到广告制作要求。动态布光要能够更加精准地掌控产品的运动路线、拍摄角度、走位。

图 7-6 普通照明法表现产品的一般特点,呈现该品牌的不同型号。

图 7-7 背景色为全白色设计,突出了彩妆盒的黑色,使之显得质地十分纯正,包装精细,灯光直接打在"Dior"的标志上,有一种恰到好处的感觉。

图 7-8 在广告的最后,将 Dior 的品

图 7-3 辅助光

图 7-4 动态拍摄

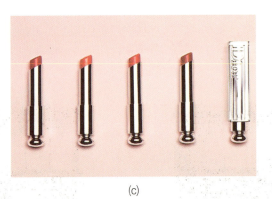

(a)

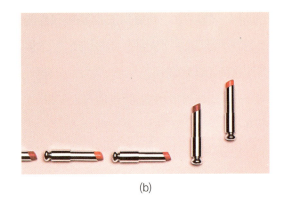

(b)

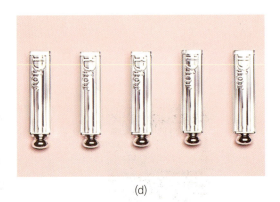

(c)(d)

图 7-5 特效制作

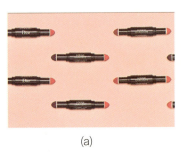

(a)

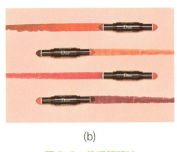

(b)

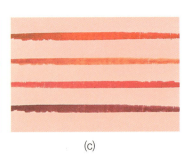

(c)

图 7-6 普通照明法

图 7-7 装饰光

图 7-8 品牌标志

牌标志融入其中作为结尾，简单直接，突出品牌的影响力。

二、香奈尔

香奈儿品牌于 1910 年在法国巴黎创

立，品牌定位为奢侈品。该品牌产品种类繁多，涉及服装、珠宝饰品及配件、化妆品、护肤品、香水等。红色、金色、黑色、白色与米色是香奈儿的经典五色，这五种色彩，代表着冲突与和谐的并存，微妙细腻却又充满戏剧性，高雅迷人而不失活泼趣味，同时传达出舒适自在的氛围与充满挑战的刺激，运用各种元素交织，相辅相成。

图 7-9 中，主光在视觉上更符合观众的视觉习惯，垂直状态下的拍摄能够增强产品的质感与拍摄效果。产生的阴影与反差形成具有造型效果的场景。

图 7-10 通过变换产品的背景色，将口红与指甲油搭配拍摄，在视觉上更容易让观众接受彩妆的型号，背景色的变换能够使整个画面具有视觉冲击力，达到震撼人心的效果。图 7-11 侧光拍摄从另一个

(a)

(b)

图 7-9 主光拍摄

(a)

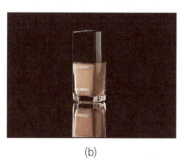

(b)

(c)

(a)

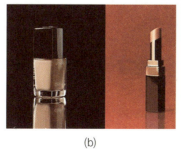

(b)

(c)

图 7-10 背景色

角度呈现产品的特点，更显立体感，以吸引顾客。

图 7-12 在轮廓光拍摄下，由于摄影机的位置足够高，拍摄更多的是物体的某一个面，物体的棱角分明。不同于人体拍摄效果，垂直的轮廓光能够拍摄出特殊阴影效果。

图 7-13 中，辅助光作为灯光的补充，与主光之间形成反差。反差越大，阴影越明显，物体的立体感更强烈，这时的照明效果低。反差越小，物体的立体感弱化，照明效果更好。

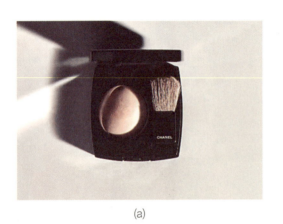
(a)

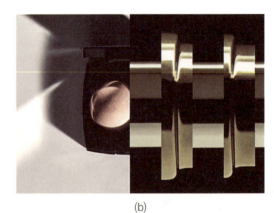
(b)

图 7-11 侧光拍摄

(a)

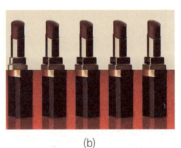
(b)

(c)

图 7-12 轮廓光拍摄

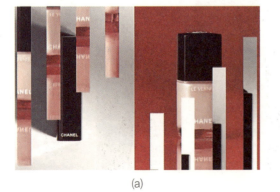
(a)

(b)

图 7-13 辅助光拍摄

小贴士

广告公司如何定位广告

广告公司定位广告应注意以下几个方面。

①自身定位。根据自己的资金状况和业务规模的大小,做好定位,突出自己的特色。

②目标客户群体定位。做好定位后,应该按照自身的资源挖掘潜在的目标客户,寻找适合自身的客户群体。小型广告公司的客户群体应该定位在小型企业的广告代理方面,还有客户的业务宣传推广方面,客户要求相对简单,项目实施较为简单。公司在各类小型项目中不断积累经验,为以后发展打下基础。

③市场定位。对整体市场做全面的调研分析,找到市场上别人不愿做的、利润点较低的部分,从容易的做起,在广告行业一步一步创造自己的品牌,扩大影响力,从易到难,从多到专,做出自己的专业特色,这样才能获得更大的发展。

④与时俱进。公司的定位应该保持一定的稳定性,但是随着时代的高速发展,公司的逐步壮大以及市场需求的不断提升和更新,也需要公司不断调整定位,校正发展方向和目标。

第二节 植入广告

广告具有良好的传播性与普及性,在生活中,利用电视剧与电影开播前的时间段,播放影视广告用来宣传商品。人们在观看电影时处于极度放松的状态,这时候播放的广告有极高的关注度。近年来,视频APP的影视广告使用户能够边看边点击购买,在广告的宣传作用下,很容易让观众产生购买行为。

一、剧前广告

如今人们在家里不仅可以在电视上看视频,手机、平板随时随地都能观看。在这样的大背景下,广告商的广告投放策略有了更多选择性。

剧前广告是各大视频观看前的广告时间,通常情况下由多个广告组合而成,涉及生活中的各个方面,因此,在目标定位群体上,覆盖范围广,受众较多。在这一段剧前广告中,先后以乳制品、汽车用品为广告的主题定位,涉及儿童、男性、女性等多个群体。

图 7-14 乳制品广告

植入式广告营销美学原则就是暂时隐藏营销的商品、服务和观念及其有关信息的主体性。

在乳制品竞争激烈的环境下，在广告中"健康的牛""运动的宝贝"都传递了一种积极向上的广告理念，充分挖掘消费者追求健康、新鲜、优质奶的心态，赢得良好的市场效益。

图 7-14 为剧前第一条广告，是一条乳制品广告，广告定位是婴幼儿家长。在广告情景上，并没有采用传统的室内景，而是将内景改为外景，让儿童跑起来，展现出运动力。其次，简短的语句概括出乳制品的来源渠道、配方设计，让观众一看就懂。

图 7-15 通过对有机奶的定位，受众人员扩大，不仅儿童需要补充营养，人人都需要补充有机奶，广告语定位十分巧妙。

第二段广告为汽车机油广告。发动机是汽车的心脏，机油是发动机润滑油，能对发动机起到润滑减摩、辅助冷却降温、密封防漏、防锈防蚀、减震缓冲等作用。因此，在广告中，主要以机油的功能为宣传目的。

汽车的普及率越来越高，几乎成为了每个家庭的必备选择。发动机的保养往往决定了车辆使用寿命以及驾驶性能。机油被誉为发动机的血液，也是汽车的必需品。

图 7-16 以汽车零件为突破点，激发汽车的动力。而这个动力正是润滑油在起作用，中间插入倒机油的动作，这样既说明了倒机油的正确方法，也突出了品牌的重要信息。

机油的好坏直接影响开车的感受，因此，广告在最后以简单直接的方式告诉观众销售渠道，让观众获得想要的产品（图 7-17）。

第七章　影视广告制作案例分析

图 7-15　奶制品广告

图 7-16　mobil 1 机油

图 7-17　广告语设计

二、剧中广告

近年来，广告植入的方式多种多样，在剧中插播广告的形式悄然兴起，中插广告现在俨然成为了广告界的当红新玩法，具有低成本、高回报的优势。伴随网络剧市场的"井喷"式爆发，动辄数十亿的播放量早已成为常态，广告植入形式也是层出不穷。

影视广告需要精品化、人性化、创意性。在硬性植入逐渐被人诟病的环境下，创意中插则越来越多地被观众接受。它通过与剧情的深度结合，把消费者看广告的抵触心理降到了最低，从而提高品牌的知名度，如在古装剧中插播广告，通过剧中植入的方式，让观众对广告的出现充满好奇心，既符合剧情需要，又宣传了产品，实在是一举两得。这种植入的巧妙之处在于别出心裁，让观众感觉眼前一亮（图7-18、图7-19）。

图7-19通过剧情前后之间的关联，插入秀发广告，同时结合剧情中的词语，对广告词进行重新设计，与剧情之间联系更紧密，让观众看完心花怒放，这样广告才能真正发挥作用。

随着剧中广告插入愈来愈多，这种插播形式只是让观众感到一时新鲜，时间一长，观众反而对广告的期许降低。因此，在制作影视广告时，设计师更需要结合剧情需要，适当地插播广告，重新找到观众的趣味点。创意中插也不能随随便便插入，重在"创意"两个字，合适的角色、适合的剧情以及剧情中前30秒吸引人的铺垫，这些都会影响到一个创意中插的质量。

图 7-18　在古装剧中插入广告 1

图 7-19　在古装剧中插入广告 2

第三节
公益广告

公益广告是一种不以营利为目的的广告活动，它对全社会的道德和思想教育发挥了重要作用。公益广告的内容涉及防火防盗、保护森林、维护公共秩序、讲究卫生等广告宣传。

公益广告的主题具有社会性，其主题内容存在深厚的社会基础，它取材于日常生活，运用创意独特、内涵深刻、艺术制作等广告手段将鲜明的立场和健康的方法传递给社会公众。

小贴士

广告植入的优缺点

广告植入的优点和缺点如下。

① 优势。

广告植入能够形成强大的品牌渗透力。植入式广告的受众数量庞大。有报道称,只有上映2万场,上座率在70%以上的影片才能吸引到电影广告(包括贴片广告和植入式广告)。这也说明植入式广告的受众数量极为可观。再加上相关新闻报道的受众,品牌与受众的接触率是极为可观的,成本可以控制在一个合理的水平,甚至会低于某些大众传媒。

② 缺点。

品牌的适用范围较小,多数情况下只适用于知名品牌,这是因为受众需要在相当短暂的时间内准确识别出商品包装、品牌或产品外型。因此,品牌有较高的知名度是投入植入式广告的第一道门槛。相对而言,综艺类节目更有可能利用植入式广告提高某些导入期产品或新进入品牌的知名度。植入式广告不适于深度说服,特别不适合表达直接的理性诉求或功能诉求。

因此,品牌诉求一般停留在简单告知与提高特性认知度方面。基于上述原因,广告主可以考虑在同一档期发布硬性广告配合植入式广告,及时将潜在消费者的兴趣转化为消费潜力。

一、家的味道

这是一部关于亲情的公益广告。影片中讲述了母亲为患有阿尔茨海默症的父亲举办70大寿,儿女们纷纷从各地匆忙赶回老家的场景。原本空荡的小院顿时热闹起来,然而,父亲却记不起他们是谁,而子女们各自玩乐,只有表面上的客套话,彼此感情淡然。直到一碗油渣饭跌落在地上,才打破了现代人内心的自私和冷漠,唤醒了记忆深处的亲情(图7-20)。

广告的主题是家,而广告的诉求对象却是千千万万个在外漂泊的人。常回家看看或许能够做到,但是回家之后是否能够放下手机安心陪家人吃一顿饭才是最重要的事情。这种拍摄方式让更多人明白家的重要性,亲情需要陪伴。

二、节约用水

随着社会和经济的迅速发展,水资源匮乏和水污染日益严重,所构成的水危

图 7-20 关于亲情的广告

机已成为我国实施可持续发展战略的制约因素。为保证水资源永续利用和实现社会经济的可持续发展，节约用水，保护生态环境是每个人的责任与义务。

图 7-21 广告中采用鲜明的对比拍摄，通过河床干涸开裂、女孩哭泣等画面

图 7-21 节约用水的广告

展现出水污染后的场景，中间以水污染三大来源为切入点，来表现节约用水的理念，在呼吁大家节约用水后，空气好了，环境更美了。

影片以保护水资源为题材，提倡人们要节约用水，保护生态环境，才能拥有蓝天白云、青山绿水。它取材于日常生活中，运用独特的拍摄视角，以鲜明立场来引导社会公众。

第四节 食品广告

俗话说："民以食为天。"人的生活离不开食物，在影视广告中，跟食物有关的广告数量众多，尤其是关于水的广告。各种饮料广告接踵而来，创意方式十分多样化，有的广告直抒心意，触动内心；有的广告趣味十足，吸引眼球；有的广告表达感情，让人欢喜。这些都是广告带给人的乐趣，引发更多的心理感受。

一、鲜绿源枇杷汁

该广告通过设置情景，自然而然地将观众的注意力吸引到特定情景中，激发用户的想象力，并通过对商品的引导，在潜意识层面刺激用户的内在欲望，从而实现广告营销的目的。

图 7-22 广告中采用情景互动式设

图 7-22　情景互动式广告

计,以饮料的原材料枇杷为突破口,将母亲的关怀体现得淋漓尽致,通过人物之间的联系来体现商品信息。

图 7-23 广告中并没有以大幅面醒目的文字和艳丽的画面吸引观众注意力,而是将关注点建立在用户视觉经验、心理暗示和行为活动之上,使得用户能够不自觉地参与互动,体验各种广告信息,从而更生动、更形象地传播信息。

二、农夫山泉

农夫山泉的广告语"我们不生产水,我们只是大自然的搬运工"为人所熟知。在众多饮用水广告中,农夫山泉的广告十分用心,在创意上既遵循设计原则,又能够推陈出新,造就与众不同的广告。

在图 7-24 中不同的动物代表不同的商品属性,给观众带来更多的联想。设计者对动物的外观、生存技能、生活习性等特征进行联想设计,给影视广告增添活力。这种直观感受打动了观众,让观众对产品充满想象。图 7-25 为农夫山泉产品的合集。

图 7-23　鲜绿源枇杷汁广告

图 7-24 不同的动物代表不同商品的属性

图 7-25 产品合集

本 / 章 / 小 / 结

本章对生活中优秀的影视广告做了专业化的分析与讲解，对于理解本书内容具有重要意义，同时，对当下热门影视广告的理论化分析将知识点细分，有利于读者在阅读中更好地理解。

思考与练习

1. 影视广告的性质是什么？

2. 如何快速区分公益广告与商业广告？

3. 广告的本质是什么？

4. 影视广告的常见形式有哪些？各自的优势是什么？

5. 原创广告与常规广告相比较有何不同点？

6. 广告的植入点该如何选取？又该如何融入影视中？

7. 情景式广告与传统广告相比较，创新方式有哪些？

8. 请简要讨论现代广告中存在的问题。

9. 作为一名影视广告设计者，广告设计的出发点是什么？

参考文献
References

[1] 奥格威. 一个广告人的自白 [M]. 北京：中信出版社，2008.

[2] 惠特曼. 吸金广告 [M]. 南京：江苏人民出版社，2014.

[3] 聂鑫. 影视广告学 [M]. 5版. 北京：中国广播影视出版社，2011.

[4] 李静. 影视广告设计 [M]. 北京：人民邮电出版社，2021.

[5] 李由. 影视广告策划与制作 [M]. 北京：中国青年出版社，2013.

[6] 和群坡. 影视广告制作教程：从接单到成片的全程指导 [M]. 北京：中国传媒大学出版社，2006.

[7] 苏夏. 影视广告创意与制作 [M]. 上海：上海人民美术出版社，2016.

[8] 汪淼. 影视广告制作 [M]. 北京：化学工业出版社，2011.

[9] 罗业云. 影视广告设计与制作 [M]. 上海：上海人民美术出版社，2012.

[10] 王志新，朱虹，王妍. 成品 3ds Max/After Effects 影视广告设计与制作全流程剖析 [M]. 北京：清华大学出版社，2014.

[11] 唐英，余庆华. 影视广告实务 [M]. 成都：西南交通大学出版社，2017.

[12] 蒋旭峰，杜骏飞. 广告策划与创意 [M]. 2版. 北京：中国人民大学出版社，2011.

[13] 朱雪强. 吸金广告文案写作训练手册 [M]. 北京：民主与建设出版社，2018.

[14] 陈培爱. 广告策划与策划书撰写 [M]. 厦门：厦门大学出版社，2009.